새/로/운/경/영/패/러/다/임

기업의 사회적
책임 중시 경영

기업의 사회적 책임이란 기업활동을 통해 이해관계자를 만족시키고 경제 · 사회 · 환경문제를 기업이 속한 공동체와 사회에 긍정적 영향을 미치기 위한 책임 있는 활동으로 정의내릴 수 있다.

새/로/운/경/영/패/러/다/임

기업의 사회적 책임 중시 경영

박상안 · 김헌 · 임효창 · 홍길표 지음

한국학술정보(주)

머리말

　기업을 둘러싼 외부환경이 끊임없이 변화하고 있다. 변화된 외부환경은 기업에게 더 많은 이익을 가져다주기도 하지만 때로는 기업의 생존을 위협하고 발전을 저해하기도 한다. 최근 기업을 둘러싼 외부환경의 변화 중에서 가장 눈에 띠는 것이 기업에 대한 사회적 책임의 강조이다. 기업의 경영활동과 관련된 제반 이해관계자들과 기업이 속한 사회는 단순히 재화와 용역의 공급만을 기업에게 요구하는 수준에서 벗어나 기업이 사회의 구성원으로서의 의무와 역할을 충실히 수행할 것을 강요하게 되었다.

　이러한 기업에 대한 요구가 점차 커짐에 따라 기업의 지속가능한 성장과 발전을 위해서는 이에 수동적으로 대처하기 보다는 능동적으로 경영활동에 이를 적극 활용해야 한다는 인식이 확산되면서 기업의 사회적 책임이 새로운 경영의 패러다임으로 떠오르게 되었다. 이렇듯 사회적 책임경영이 기업의 지속적 성장 및 발전을 위한 핵심전략의 하나로 주목받게 된 것은 사회적 책임경영이 기업의 경제적 생존뿐 만 아니라 소비자·주주·환경 등 각종 이해관계자의 이익까지 도모하는 Win-Win전략이기 때문일 것이다.

　이에 본서는 학술진흥재단 기초학문육성지원사업으로 선정된『글로벌 스탠더드에 적합한 한국기업집단들의 지배구조 개선방안 연구』중 여섯 번째 주제로서 기업의 사회적 평가에 대한 연구를 진행하던 중 최근 이슈가 되고 있는 기업의 사회적 책임경영과 관련된 내용을 쉽고 체계적으로 보다 많은 이에게 전하고자 책의 형태로 만들게 된 것이다.

따라서 본서는 기업의 사회적 책임경영과 관련된 내용들 중에서 몇 몇 핵심적인 주제들을 중심으로 광범위한 내용을 요약·정리하는 데에 초점을 두고 있다.

이를 위해 본서는 크게 다음과 같은 네 부분으로 구성되어 있다.

1부에서는 기업의 사회적 책임과 관련된 내용들을 요약·정리하였다. 우선, 기업의 사회적 책임의 내용과 본질에 대해 설명하였고 기업의 사회적 책임활동에 대한 사회의 인식과 주요 국가별 사회적 책임활동에 대한 역사적 배경과 실천 현황을 정리하였다. 그리고 기업이 지속적인 성장과 발전에 있어서 중요한 경영전략의 하나로 인식되고 있는 기업의 사회적 책임의 활성화 방안들을 제시하였다.

2부에서는 기업의 윤리경영에 대한 내용들을 서술하였다. 기업윤리의 의의와 개념에 대한 설명과 함께 점차 기업윤리를 강조하게 된 기업환경의 변화에 대해 언급하였다. 다음으로 기업윤리가 형성된 배경과 발전과정을 요약·정리하였으며 기업윤리의 실천 방안으로 활용되고 있는 기업의 윤리강령에 대한 내용을 설명하였다.

3부에서는 환경문제와 관련되어 있는 기업의 사회적 책임에 대해 설명하였다. 우선, 환경문제에 대한 인식과 주요 환경문제로 부각되고 있는 이슈들을 정리하였고, 이러한 환경문제를 기업의 경영전략으로 인식하여 실천하는 환경경영의 개념과 환경경영전략들을 선별하여 서술하였다.

마지막 4부에서는 기업이 지속적으로 성장·발전하기 위해서는 위에서 언급한 기업의 사회적 책임을 성실히 수행해야만 가능하다는 것을 전제로 한 지속가능경영의 개념과 이를 구체화한 실천방안으로 수행되고 있는 기업의 지속가능보고서에 대해 언급하였다.

본서가 최근 이슈가 되고 있는 기업의 사회적 책임경영에 대한 이해에 조금이나마 도움이 되길 바라며 이 책이 나오기까지 많은 도움을 주신 함시창 교수님과 (사)경제정의연구소 소장이신 이의영 교수님, 사

무국에 계신 서희경 부장님, 권오인 간사님께 진심으로 감사드리는 바
이다.

2007년 7월

목 차

제6장 기업윤리강령 / 175

제7장 기업윤리수준의 발전과 전망 / 189

제 3 부   환경문제와 기업의 사회적 책임   197

제8장 환경경영에 대한 이해 / 199

제 4 부　　지속가능경영과 기업의 사회적 책임　231

제1부 기업의 사회적 책임

　1980년대 후반부터 전 세계적으로 불어 닥친 규제완화와 시장경쟁의 심화로 기업이 지배하는 생활의 범위가 크게 확장되었다. 이에 따라 투자자와 소비자 그리고 시민단체와 같은 기업의 이익집단들은 기업이 이윤창출이라는 본원적인 목표 외에 환경·노동 등 사회 전 영역에 대해서도 경제력에 상응하는 책임을 실행하기를 기대하게 되었다. 즉 기업경영의 글로벌화와 함께 기업활동이 사회에 미치는 영향력이 증대됨에 따라 새로운 사회적 요구가 발생하게 된 것이다.

　기업의 사회적 책임이란 기업활동을 통해 이해관계자를 만족시키고 경제·사회·환경문제를 기업이 속한 공동체와 사회에 긍정적 영향을 미치기 위한 책임 있는 활동으로 정의내릴 수 있다.

　따라서 우리는 기업의 사회적 책임에 대한 본격적인 논의에 앞서 기업의 사회적 책임의 정의와 특징 및 중요성에 대한 이해가 필요하다. 이 책에서는 이를 바탕으로 기업의 사회적 책임에 대한 역사적 변천 및 실천현황을 살펴보고 기업의 사회적 책임을 활성화시킬 수 있는 방안들을 제시할 것이다.

제 1 장

기업의 사회적 책임의 본질과 의의

최근 기업의 사회적 책임에 대한 논의가 한창 진행 중이다. 기업이 사회가 요구하는 책임을 완전하게 수행하지 못했을 경우 해당 기업은 사회로부터 생존할 수 없게 되었다. 이처럼 오늘날 기업의 생존전략으로서 그 중요성이 부각되고 있는 기업의 사회적 책임의 정의와 특징에 대해 살펴보고, 이러한 기업의 사회적 책임에 대한 기존 학자들의 견해에 대해 살펴보기로 한다.

제1절 기업의 사회적 책임의 정의와 특징

1. 기업의 사회적 책임의 정의

기업의 사회적 책임에 대한 다양한 견해가 존재하지만 이에 대한 통일된 정의는 없는 실정이다. 기업의 사회적 책임의 정의를 윤리경영과 연계하여 보는 관점에 따르면, 기업의 사회적 책임을 포괄적인 윤리경영 추진을 위한 하나의 수단(Tool)으로 보는 시각도 있고 윤리경영에서 사회적 책임을 강조한 발전된 개념으로 보는 시각 또한 존재한다.

일반적으로 기업의 사회적 책임은 '기업활동을 통해 이해관계자를 만족시키고 경제·사회·환경문제를 기업이 속한 공동체와 사회에 긍정적 영향을 미치기 위한 책임 있는 활동'으로 정의된다.[1]

1) 주요 국제기관들에서의 정의

기업의 사회적 책임에 대한 주요 국제기관들에서의 정의들을 살펴보면 다음과 같다.

국제표준화기구(ISO)는 기업이 경제·사회·환경 문제 등에 대한 기여를 통해 사람·사회 전체에 혜택을 가져오는 것이라고 정의하고 있으며, EU의 유럽위원회(European Commission)는 기업이 경영활동에 있어 자발적으로 사회적·환경적 관심을 통합시키는 것이라고 정의하고 있다.

선진국을 회원국으로 하는 경제협력개발기구(OECD)는 기업의 사회적 책임을 기업이 사회와의 공생관계를 성숙·발전시키기 위하여 취하는 행동으로 정의내리고 있으며 국제노동기구인 ILO는 기업이 법적 의무를 넘어서 자발적으로 이해관계자에게 미치는 영향으로 사회적 책임을 정의함으로써 사회가 기업에게 법률적 틀 안에서 요구하는 사회적 책임보다 더 넓은 범위의 정의를 내리고 있다.

또한 2001년 7월에 발표된 유럽연합(EU) 집행위원회의 공식 문건인 '그린 페이퍼'는 기업의 사회적 책임을 다음과 같이 정의했다. "이 사회에 책임을 진다는 것은 사회가 요구하는 법적인 기대수준을 넘어 인재

와 환경, 기업의 이해관계자에게 더 많은 투자를 한다는 것이다." 이와
관련하여 그린 페이퍼는 기업의 사회적 책임은 기본적으로 기업들이 자발
적으로 더 나은 사회와 더 맑은 환경에 공헌하도록 하는 것이라고 방향
을 제시하였다.

〈표 1〉 국제기관들의 기업의 사회적 책임에 대한 정의

국제기관명	기업의 사회적 책임의 정의
국제표준화기구 (ISO)	기업이 경제·사회·환경문제 등에 대한 기여를 통해 사람·사회 전체에 혜택을 가져오는 것
EU의 유럽위원회	기업이 경영활동에 있어 자발적으로 사회적·환경적 관심을 통합시키는 것
경제협력개발기구(OECD)	기업이 사회와의 공생관계를 성숙·발전시키기 위하여 취하는 행동
국제노동기구 (ILO)	기업이 법적 의무를 넘어서 자발적으로 이해관계자에게 미치는 영향

이와 같이 여러 국제기관들에서의 사회적 책임의 정의는 표현에 있
어서는 각기 다르나, 공통적으로 법의 테두리 안에서 기업들에게 요구
하는 사회적 책임보다 더 넓은 범위의 사회적 책임을 정의내리고 있다
는 것을 알 수 있다.

2) 기존의 학자들에 의한 정의

기업의 사회적 책임에 대한 관심은 이미 19세기 기업의 재량행위 확
산 및 1920년대 중반 복지자본주의 개념의 등장과 함께 대두되었으며,
1930년대 경제 불황기를 거쳐 사회·환경 및 사회가치의 현저한 변화
가 일어난 1950년대에 이르러서 본격적인 중요성을 지니게 되었다.[2]

---

2) Frederick, W.(1994), "From CSR 1 to CSR 2: the Maturing of Business and Society Thought," *Business & Society*, 33(2), pp.150-166.

이러한 기업의 사회적 책임에 대한 사회적 관심이 증대됨에 따라 학자들에 의한 연구가 많이 진행되어 왔으며 이번 절에서는 몇몇 학자들에 의한 기업의 사회적 책임의 정의들과 기업의 사회적 책임에 대한 기존 학자들의 실증분석 결과들을 살펴보도록 한다.

① 보 웬3)
기업의 사회적 책임은 1953년 보웬의 「기업인의 사회적 책임(Social Responsibility of the Businessman)」을 통해 본격적인 논의가 이루어졌다. 이 저서를 통해서 보웬은 기업인은 우리 사회의 목표나 가치적 관점에서 바람직한 정책을 추구하고, 그러한 의사결정을 하거나 그러한 행동을 좇아야 한다고 정의하였다.

② 엘스와 월튼(Ells and Walton)4)
엘스와 월튼(1961)은 기업의 사회적 책임은 기업의 활동으로 인해 발생하는 문제의 관점 및 기업과 사회의 관계를 지배하게 되는 윤리원칙의 관점에서 생각해야 한다고 주장하였다.

③ 맥과이어(McGuire)5)
1963년 맥과이어는 기업은 사회에 대해 경제적·법적인 의무뿐만 아니라 전체 사회에 대해 책임져야 하며, 기업이 사회에 대해 책임을 지는 형태로서의 기업의 사회봉사를 특히 강조하고 있다.

---

3) Bowen, H. R.(1953), 『Social Responsibilities of the Businessman』, New York: Harper and Row.
4) Ells, R. Walton, C.(1961), 『Conceptual Foundations of Business』, Home-wood, Richard D. Irwin.
5) McGuire, J. W.(1993), 『Business and Society』, New York, Mcgraw-Hill.

④ 세띠(Sethi)[6]

세띠(1979)는 맥과이어의 관점에서 보다 더 나아가 기업의 사회적 책임은 사회·환경문제를 해결하고 윤리원칙을 준수하는 것이라고 간주하고, 궁극적으로 기업은 법률적, 경제적 의무를 넘어서 사회적 규범이나 가치, 그리고 사회적 기대와 조화를 이룰 수 있는 기업행위라고 정의한다.

⑤ 캐롤(Carroll)[7]

세띠의 기업의 사회적 책임에 대한 시각은 보웬에 의한 사회적 책임에 대한 본격적인 논의 이후 약 20여 년 동안 지속된 학문적 논의를 체계적으로 정리한 캐롤(1979)의 "기업 수행의 3차원 개념 모델"에서 체계화되었다. 이 모델에 따르면, 기업의 사회적 책임은 주어진 특정 시점에서 사회가 기업에 대하여 가지고 있는 경제적, 법적, 윤리적 기대를 모두 포함한 구성적인 개념이다. 즉 기업은 경제적 이윤창출, 법률준수, 윤리적 책임, 재량적 책임 등의 네 가지의 책임을 가지고 있다고 이 모델은 설명하고 있다.

여기서 '경제적 책임'은 기업의 사회적 책임 중 제1의 책임을 말하며, 기업은 사회의 기본적인 경제단위로서 재화와 서비스를 생산할 책임을 지고 있다는 의미를 지닌다.

둘째 '법적 책임'이란 사회는 기업이 법적 요구사항의 구조 내에서 경제적 임무를 수행할 것을 요구한다는 것을 뜻한다.

셋째 '윤리적 책임'이란 법으로 규정하지는 못하지만 기업에게 사회의 일원으로서 기대하는 행동과 활동들을 의미한다.

마지막으로 '재량적 책임'이란 기업에 대해서 명백한 메시지를 갖고

6) Sethi, S. P.(1979), "A Conceptual Framework for Environmental Analysis: Social Issue and Evaluation of Business Response Patterns," *Academy of Management Review*, 4(1), pp.63−73.
7) Carroll, B. A.(1979), "A Three−Dimensional Conceptual Model of Corporate Social Performance," *Academy of Management Review*, 4, pp.497−505.

있지 않지만 기업의 개별적 판단이나 선택에 맡겨져 있는 책임으로서 사회적 기부행위, 약물남용방지 프로그램, 보육시설의 운영, 사회복지시설 운영 등의 활동들을 포함하는 것이다.

따라서 사회적 책임을 가지는 기업이란 이윤을 내기 위해 노력하는 동시에 법을 준수하고, 윤리적이고 성실한 기업시민의 역할을 다하는 것이라고 할 수 있다.

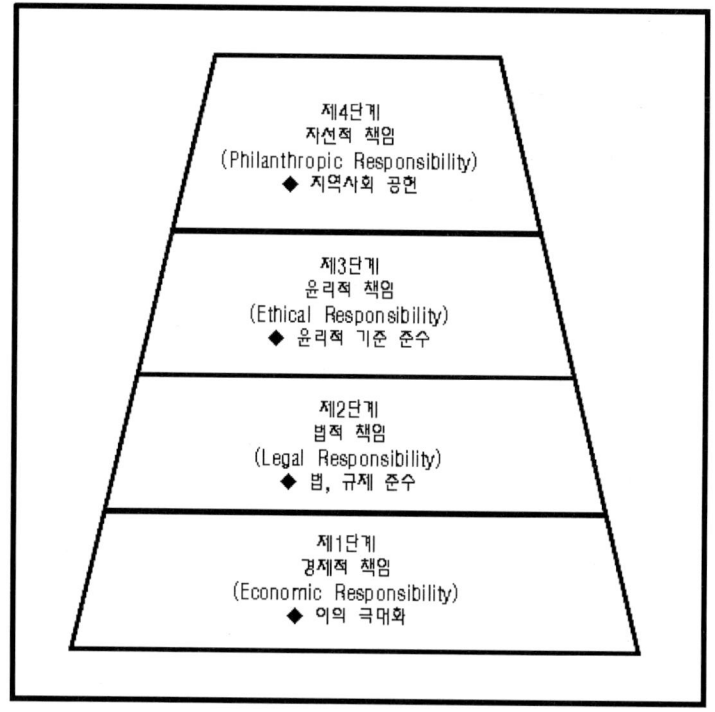

주: 신강균(2003) 연구논문에서 인용.

〈그림 1〉 캐롤의 기업의 사회적 책임 분류

이상을 정리하면, 기업의 사회적 책임은 기업의 이익과 관련 이해관련자 및 사회전체의 이익을 동시에 추구하는 행위규범을 정하고 그에 따라 기업의 의사결정 및 활동을 하는 책임이라 할 수 있다.

⑥ 우드(Wood)[8]

우드는 캐롤의 네 가지 사회적 책임 요소에 대해서는 일치된 주장을 하지만, 파슨스(Parsons)의 사회체계 기능 요건들을 근거로 기업의 사회 · 제도적 기능이 단순히 경제적 기능에 머무르지 않는다고 주장하고, 기업은 실제로 경제적 기능과 동시에 사회 통합, 사회적 유형 유지, 목표 지향 기능을 동시에 수행하는 다기능 사회조직으로 간주한다.

따라서 그는, 이러한 기업의 다기능성을 고려하여 기업의 사회적 정체성과 그에 따른 기업의 사회적 책임 요소의 우선순위를 캐롤과 달리 규정한다. 즉, 기업이 윤리적, 사회적 책임에 대한 이행 없이 경제적 책임만을 최우선시하는 것은 정당치 못하며, 기업이 사회적 존재 가치를 인정받기 위해서는 경제적 이윤을 창출해야 하나 이윤의 창출은 도덕적으로나 법적으로 정당한 방법에 의한 것이어야 한다.

따라서 윤리 · 도덕적 · 법률적 책임을 보다 우위에 놓음으로써 기업으로 하여금 이윤을 추구하되 도덕적, 법률적 측면에서 할 일을 다 하면서 이윤을 극대화시키도록 요구한다. 여기서 더 나아가 그는 캐롤이 기업의 사회적 책임의 마지막 단계로 분류한 재량적 책임을 재해석하여, 이는 사회단체에의 기부 행위를 의미하는 것이 아니라 경영인 개개인이 갖고 있는 의사결정권을 사회적으로 책임 있는 방향으로 행사하는 것으로 파악한다.

⑦ 강영철[9]

강영철(1996)은 우드의 주장에 대해 동의하면서, 캐롤의 모델은 이윤 추구가 기업의 당연한 일차적 의무라고 보는 전통적인 기업관에 근거

---

8) Wood, D.(1991), "Corporate Social Performance Revisited," *Academy of Management Review*, 16(4), pp.691−718.
9) 강영철(1996), "기업의 사회적 책임 논의", 『현상과 인식』, 제20권 제3호.

하기 때문에 단순히 기업 일반의 사회적 책임에 대한 접근 방식을 묘사한 것에 불과할 뿐, 기업의 사회적 책임에 대한 사회의 욕구가 한층 진전되고 있는 오늘날의 기업들의 의식을 제대로 반영하지 못하고 있다고 비판한다.

그에 따르면, 기업은 개인의 집합체인 만큼 경영자 개개인은 사회 조직원으로서의 개인적 책임, 곧 사회의 도덕률에 따라 행동할 책임이 있다. 따라서 기업의 경영 행위에서 잘잘못은 결국은 재량권을 갖고 의사 결정을 하는 경영인에 최종적으로 귀결된다고 주장하였다.

⑧ 이우광10)

이우광(1997)은 기업의 사회적 책임을 기본적인 책임인 법적, 윤리적 책임, 존재 이유로서 경제적 책임, 주위로부터 존경받을 수 있는 사회 공헌 책임으로 분류하고, 한국의 기업은 기본이 되는 법적, 윤리적 책임조차 제대로 수행하지 못하고 있는 상황에 있음을 지적하고 국내기업이 우선적으로 법률 및 규범에 따른 의사결정 및 기업활동을 할 것을 요구하였다.

3) 기업의 사회적 책임에 대한 실증연구들

① 어퍼를레(Aupperle)11)

어퍼를레(1984)는 기업의 사회적 책임에 대한 이론적·규범적 논의로부터 네 가지 사회적 책임 요소에 관한 경험연구를 위한 개인의 기업의 사회적 책임 지향 측정 도구를 개발하였다. 이 측정도구를 적용한 어퍼를레 외 다수(1985)의 CEO의 기업의 사회적 책임 지향에 관한 실증연구는 네 가지 책임은 실증적으로 상관관계를 갖지만, 개념적으로

---

10) 이우광(1997), "기업의 사회적 책임, 현황과 과제", 삼성경제연구소.
11) Aupperle, K. E.(1984), "An empirical measure of corporate social orientation," *Research in Corporate Social Performance and Policy*, 6, pp.27－54.

서로 독립된 요소임을 주장하였고 네 가지 책임들 간의 상대적 우선순위를 입증하였다.

② 핑크스톤과 캐롤(Pinkston and Carroll)[12]

핑크스톤과 캐롤(1996)은 영국, 프랑스, 독일, 일본, 스웨덴, 스위스, 그리고 미국에 주재하는 미국의 591개 다국적 화학기업 지사의 최고경영자를 대상으로 한 연구에서 캐롤의 피라미드 모델이 다시 한번 입증되었으나, 독일과 스웨덴에서는 예외적으로 법적 책임이 가장 우선하였고 그 다음으로 경제적, 윤리적 그리고 재량적 책임이 뒤를 이었다는 연구결과를 발표하였다. 그리고 어퍼를레 외 다수(1985)의 연구결과와 비교할 때, 10년 사이에 윤리적 책임이 증가한 반면, 재량적 책임과 경제적 책임 및 법적 책임은 감소하였다는 결과를 주장하였다.

③ 에드몬슨과 캐롤(Edmonson and Carroll)[13]

에드몬슨과 캐롤(1999)은 흑인 소유의 503개 기업을 대상으로 한 연구에서 경제적 책임이 가장 중요한 것으로 평가된 반면, 윤리적 책임이 법적 책임보다 우선하는 것으로 나타났으며, 재량적 책임과 법적 책임 간의 차이는 매우 작은 것으로 파악되었다는 연구결과를 발표하였다.

④ 버튼과 그 외 다수(Burton, et al.)

버튼과 그 외 다수(2000)의 연구에서는 165명의 홍콩 대학생과 157명의 미국 대학생을 대상으로 실증분석을 한 결과 홍콩 대학생이 미국 대학생에 비해 경제적 책임을 더 강하게 강조하였고, 법적 책임과 윤

---

12) Pinkston, T. S. & Carroll,. B.(1996), "A Retrospective Examination of CSR Orientations: Have They Changed?" *Journal of Business Ethics*, 15(2), pp.199－206.

13) Edmondson, V. C., & Carroll, A. B.(1999), "Giving Back: An Examination of the Philanthropic Motivations, Orientations and Activities of Large Black－Owned Businesses," *Journal of Business Ethics*, 19(2), pp.171－179.

리적 책임 간의 우선순위에서는 별다른 차이가 없는 것으로 나타났다.

⑤ 크레인과 매터(Crane and Matter)[14]
크레인과 매터의 연구(2004)는 유럽을 대상으로 캐롤의 모델을 적용한 실증분석 결과, 네 가지 책임 모두가 유럽에서도 중요한 것으로 나타났지만, 이들 각각의 책임은 유럽국가 들에서 서로 다른 의미를 지니며, 서로 다른 방식으로 연결되어 있다는 결론을 내렸다.

이상의 논의를 종합하여 볼 때, 학자들은 기업의 경제적, 법적, 윤리적, 재량적 책임의 네 가지 영역으로 구분하는 것에 대해서는 이견이 없으나, 네 가지 책임들 간의 우선순위에 대해서는 서로 상이한 이론적 입장과 경험적 연구결과를 내놓고 있음을 알 수 있다.

2. 기업의 사회적 책임의 특징

기업의 사회적 책임의 특징에 대해 살펴보면 다음과 같이 요약할 수 있다.
첫째, 반드시 이행해야할 강제성을 띠지 않으며 자발적이며 기업의 의지에 따라 자율적으로 실시되어야 할 사회ㆍ윤리적 책임 가운데 하나이다.
둘째, 기업의 사회적 책임 개념은 역사성과 체제 관련성을 띤 개념이다. 기업의 사회적 책임에 관한 논의가 근대산업사회의 전개과정 속에서 출연된 것은 주지의 사실로서, 자본주의 경제체제와 관련 내지는 체제유지적인 개념이다.

---

14) Matten, D. & Crane(2005), "Corporate Citizenship: Toward an Extended Theoretical Conceptualization," *Academy of Management Review*, 30(1), pp.166−179.

이러한 의미에서 이 개념은 사회적인 변화와 함께 사회의 한 구성원으로서 그 속에 발생·생존·성장해야만 하는 기업의 사회적인 관계를 시대적 상황에 맞게 표현한 역사의 특정단계와 관련된 경제·사회학적 개념이며 역사를 초월하는 개념은 아니다.

셋째, 아직 학자들 간에 견해가 일치되지 않고 있지만, 일반적으로 이들 정의들은 모두가 이윤동기를 넘어선 보다 넓은 활동영역을 사회에 대한 기업의 책임영역으로 간주하고 보편적인 인간가치의 실현에 기업이 기여해야 한다는 데에는 재론의 여지가 없다는 것이다.

3. 기업의 사회적 책임활동의 분류

기업의 사회적 책임활동에 대한 분류는 매우 다양하게 논의되어 왔으나, 신강균(2003)[15])에 의하면 사회적 책임의 발전단계에 따른 기업의 사회적 책임활동에 대한 분류는 크게 보아 사업측면이나 구성원측면, 고객측면, 사회측면으로 나눌 수 있다고 주장하였다.

사업 측면에서는 정부와의 관계와 제품 품질의 안전물류비용, 기업활동의 건전성이 포함된다. 즉, 기업이 사업을 영위해 나감에 있어서 정부와의 투명하고 깨끗한 관계를 유지한다든지 기업활동을 건전하게 하는 활동들을 말한다.

구성원 측면에서는 기업복지, 종업원의 교육 및 채용, 복리 후생 등이 포함된다. 즉 기업의 구성원인 종업원의 교육 및 채용, 복리 후생에 있어서 기업이 수행해야할 활동들이 여기에 포함된다.

또한 고객 측면에서는 제품의 안전성, 소비자 고충처리, 품질 보증, 사후관리 등의 서비스 개선, 소비자 만족도 등이 기업이 수행해야할

---

15) 신강균(2003), "기업의 사회적 책임활동의 효과에 관한 연구: 유한킴벌리의 우리 강산 푸르게 푸르게 캠페인 20년 활동 사례를 중심으로", 『광고학연구』, 제14권 제5호, 한국광고학회, p.207.

책임활동에 해당된다.

　마지막으로 사회 측면에서는 기업이 속해 있는 사회에 대한 기업의 책임활동들을 의미하며 여기에는 환경 문제, 지역사회, 사회복지, 교육, 문화 및 예술, 체육 진흥 등이 포함된다. 이를 표로 나타내면 다음과 같다.

〈표 2〉 기업의 사회적 책임활동에 대한 신강균의 분류

사업측면	구성원측면	고객측면	사회측면
■ 정부와의 관계 ■ 제품품질의 안전 　물류비용 ■ 기업활동의 건전성	■ 기업복지 ■ 종업원의 교육 및 　채용 ■ 복리 후생 등	■ 제품의 안전성 ■ 소비자 고충처리 ■ 품질보증 ■ 사후관리 등의 　서비스 개선 ■ 소비자 만족도	■ 환경문제 ■ 지역사회 ■ 사회복지 ■ 교육 ■ 문화 및 예술 ■ 체육 진흥

　일반적으로 기업의 사회적 책임활동에 대해서 언급할 때, 위의 표에 제시된 사회측면에서의 책임활동들을 주로 언급하지만 사업측면과 구성원측면, 고객측면에서의 기업의 사회적 책임활동들 또한 기업의 사회적 책임활동에 속하며 이 모든 책임활동들을 기업이 성실히 수행할 때에 기업이 속한 사회와 더불어 기업은 지속적으로 성장·발전하게 될 것이다.

제2절 기업의 사회적 책임의 의의 및 중요성

1. 기업의 사회적 책임의 중요성

기업의 사회공헌활동과 같은 사회적 책임 이행이 과거 기업의 선택에서 이제는 의무로 바뀌고 있다. 국제표준화기구(International Organization for Standardization: ISO)는 지난 2005년 6월 환경·노동·인권·지역사회 기부 등 재무제표 상에서는 파악할 수 없는 기업의 사회적 책임활동(CSR)을 지수화해 국제적인 표준을 만들기 위한 국제회의를 주최하였고, 오는 2007년까지 표준화 작업을 마무리하고 국제기구와 금융기관 및 기업들이 참고할 수 있는 CSR 가이드라인을 2006년 발표하였다. 이 표준은 각종 입찰이나 주식 상장 시, 준수하게 하는 등의 국제적인 강제 규정으로 활용될 수도 있을 것이다. 따라서 사회적 책임을 준수하지 않는 기업은 국제 거래나 투자 등에서 불이익을 받게 되고 NGO들이 기업을 감시하는 수단으로도 활용될 수 있기 때문에, 앞으로 사회적 책임은 더 이상 선택이 아닌 기업 생존의 필수 조건이 될 것으로 전망되어진다.

이렇듯 그 중요성이 더해지고 있는 기업의 사회적 책임은 유럽이나 미국에 비해 상대적으로 소홀했던 우리나라에서도 점차 논의가 시작되고 있다.16) 국내에서 사회적 책임의 중요성이 본격적으로 강조되기 시작한 시기는 다른 선진국에 비해 다소 늦은 1990년대 이후라고 할 수 있다.

국내적으로는 우회적인 상속, 부정회계, 비자금 사건 등으로 기업의 사회적 책임에 대한 비판이 증가하였고 특히, 기업의 규모가 커지고 활동영역이 크게 확대되면서 사회복지 체계에서의 기업의 역할이 재조

---

16) 고재민(2005), "사회적 책임 활동도 성과 측정이 중요하다", LG경제연구원 주간경제 849호, p.3.

명되기 시작하였다.

대외적으로도 기업들의 해외진출이 증가하면서 지역사회와의 커뮤니케이션을 활성화하기 위해 기업의 사회공헌활동이 필요하다는 기업들의 인식 또한 증가하였다. 이에 따라 사회공헌활동을 수행할 전담 부서를 신설하는 기업들이 증가하고 그 영역도 단순한 금전적 지원에서 인적 봉사로 확대되는 경향을 보이고 있다.

특히, 1993년~1995년 사이에는 국내기업들의 기부금 총액이 크게 증가하였다. 그러나 경기불황이 본격화된 1996년에는 기업들의 기부금 총액이 약 25% 감소하였으며 1998년에도 전년대비 약 25% 감소한 1조 4천억 원 수준에 머물렀다.[17] 이는 현재까지도 국내기업들의 사회공헌 등이 경기상황에 따라 민감하게 영향을 받을 수밖에 없는 매우 취약한 구조로 구성되어 있음을 의미하는 것이다.

그러나 이러한 국내기업들의 사회적 책임수행에 대한 취약한 구조에도 불구하고, 최근에 국제적 'CSR라운드'에 대비하기 위하여 정부·기업계·금융계·시민단체 등 각계 대표들이 모여 사회적 책임(SR) 표준화 포럼을 만들었고, 기업들의 움직임도 가시화되는 등 기업의 사회적 책임에 대한 국내 기업의 인식과 실행에 있어서의 변화가 일어나고 있다.

LG전자의 경우 2005년에 기부·봉사 활동의 확대, 불우이웃 적극 후원, 고객·지역사회 주민·사회단체와의 연대 강화 등의 내용을 담은 사회 공헌 헌장을 선포했다. 이는 기업이 사회공헌활동을 기업 경영의 일부로 인식하여 노사가 뜻을 모아 사회적 책임을 다하는 것은 물론이고, 사회공헌헌장을 경영 정책 수립을 위한 가이드라인으로 활용하여 향후 체계적인 봉사활동을 펼치기로 한 것을 의미하는 것이다.

본 절에서는 이렇듯 그 중요성이 더해지고 있는 기업의 사회적 책임에 대한 국제적인 논의 과정에서의 내용 및 사회적 책임이 기업과 국가에 가져다주는 효과와 사회적 책임과 기업의 경제적 성과와의 관계

---

17) 국세청, 1996, 1999.

를 통해서 기업의 사회적 책임활동의 중요성을 살펴보고자 한다.

1) 기업의 사회적 책임에 대한 국제적인 논의[18]

1990년대 들어 국제기구들은 윤리라운드 추진을 통해 기업의 사회적
책임 수행과 윤리경영을 국제적으로 표준화시키려는 움직임을 보이고
있다. 즉 윤리경영을 하지 않을 경우 국제상거래에 있어 글로벌 무역
조건을 위반하는 것으로 간주하겠다는 것을 의미한다.

이에 따라 OECD는 1997년 12월 'OECD 국제상거래 뇌물방지협약'
을 채택하여 이를 위반한 기업에 대해 국제시장 진입 자체를 차단하려
고 시도하고 있으며, 세계은행(World Bank)은 '반부패지식자료센터'를
설치하고 부패한 국가에 대한 원조중단 및 부패한 기업의 블랙리스트
를 작성하여 향후 금융지원에 이들 자료들을 활용하고 있다. 이렇게
강화된 윤리라운드의 영향으로 비윤리적인 기업경영은 국제간 무역제
재의 대상으로까지 발전하고 있는 것이다.

〈표 2〉 국제기구들의 윤리라운드(Ethics Round) 추진 현황

연 도	기 구	명 칭	내 용
1995	TI	세계반부패의 해 지정	매년 국가별 부패지수 발표
1996	UN	국제상거래에 있어서 부패와 뇌물에 관한 선언문	세계 각국 공직자를 위한 행동강령
1997	ICC	국제상거래상의 금품강요와 뇌 물수수방지에 관한 행동규칙	기업사규의 제정과 동 규칙 이행을 위한 메커니즘 구축 권고
1997	OECD	OECD 국제상거래 뇌물방지협약 / OECD 기업지배원칙	국제상거래에서 뇌물제공을 범죄행위로 규정, 직원과 법인을 형사처벌

주: 이상민, 최인철(2002), 삼성경제연구소 보고서에서 인용.

이와 함께 선진기업들은 기업의 사회적 책임을 제 이해관계자에 대
한 책임으로 구분하고 있다. 이에 따라 기업이 제 이해관계자에 대하

18) 김현수(2006), 앞의 보고서, pp.4-9.

여 책임을 다하고 있음을 투명하게 확인할 수 있는 시스템의 일환으로 매년 기업의 사회적 성과에 관한 보고서를 작성하여 제 이해관계자에게 배포하고 있다. 이것은 기업이 기업회계기준에 의거하여 재무적 성과에 관한 재무제표 및 부속명세서를 작성하여 매년 사업보고서로 보고하는 것과 유사한 개념이다.[19]

기업의 이러한 사회보고서는 기업의 사회적 성과를 제 이해관계자가 체계적으로 파악할 수 있는 수단 및 홍보 수단을 확보하고 기업의 사회적 성과에 대한 정보를 공개함으로써 기업의 투명성을 제고시키는 데에 도움을 줄 것이다. 또한 환경적 성과를 통한 기업의 미래가치 및 위험도를 측정하고, 노사 간의 기업의 사회적 성과와 관련된 제반 정보를 공유함으로써 노사관계 안정에 기여할 수 있을 것으로 기대되어진다.[20]

위에서 살펴본 바와 같이, 주요 국제기구들과 일부 선진국들에서의 기업의 사회적 책임에 대한 일련의 표준화 동향은 기업의 사회적 책임이 해당 기업의 경쟁우위 원천 확보를 통한 지속적인 성장에 있어서 매우 중요한 요소가 되고 있다는 것을 인식하고 있음을 반영한 결과라 할 수 있을 것이다.

다음에서는 주요 국제기구들의 기업의 사회적 책임에 대한 표준화 동향을 좀 더 구체적으로 살펴보도록 한다.

(1) UN Global Compact 추진동향

기업들은 인권, 노동기준, 환경, 반부패 등의 4개 영역에 대한 핵심 가치를 지지하고 채택하여 규범화 할 것을 국제연합(UN)에 요청하였다. 이에 따라 1999년 1월에 개최된 스위스 WEF총회 연설에서 코피

---

19) 이상민, 최인철(2002), "재인식되는 기업의 사회적 책임", 삼성경제연구소, pp.2-4.
20) 최정철(2002), "기업의 사회적 책임과 사회보고제도: 지속가능성 보고서를 중심으로", 기업의 사회보고제도 도입에 관한 토론회.

아난(Kofi Anan) UN 사무총장이 The Global Compact를 제창하고 세계 경제지도자들에게 이에 동참할 것을 호소하였다. 이와 함께 UN 본부에서는 "The Global Compact"를 2000년 7월 발족하였다.

현재 세계적으로 2,729개 기업과 단체가 이에 가입하고 있으며, 우리나라에서는 2005년 8월 한국전력의 가입을 시작으로 한국토지공사, 한국남동발전, 우리은행, 한국서부발전, 대우증권 등 2006년 6월말 현재 총 7개의 기업이 이에 가입하였다.

주요 국가별로 UN Global Compact의 가입현황을 살펴보면, 프랑스의 기업이 총 402개 가입함으로써 가장 많은 기업이 가입한 국가를 차지하였으며 스페인이 277개 기업, 아르헨티나가 203개 기업, 브라질과 필리핀이 각각 151개 기업과 139개 기업이 가입되어 있다. 이에 비해 미국 기업은 123개 기업만이 가입되어 있는데 이는 UN Global Compact가 미국이나 영국 주도로 사회적 책임을 다루어지고 있지 않기 때문이다.

이제 구체적으로 UN Global Compact의 내용에 대해 살펴보기로 하자. UN Global Compact는 우선 10가지의 원칙을 가지고 있다. 이러한 UN Global Compact의 10대 원칙은 아래의 <표 3>에 나타나 있다. UN Global Compact의 10대 원칙은 인권과 관련하여 2개의 원칙, 노동기준과 관련하여 4개의 원칙, 그리고 환경과 관련하여 3개의 원칙이, 마지막으로 부패와 관련하여 1개의 원칙으로 구성되어 있다.

〈표 3〉 UN Global Compact 10대 원칙

○ 인권(Human Right)
• 원칙 1: 기업은 국제적으로 선언된 인권의 보호를 지지하고 존중해야 한다.
• 원칙 2: 기업은 인권 학대에 공모하지 않을 것을 확신해야 한다.
○ 노동기준(Labor Standard)
• 원칙 3: 기업은 단체 교섭에 있어서 조합의 자유와 권리의 효과적인 인식을 지지해야 한다.
• 원칙 4: 기업은 모든 형태의 강요되거나 강제된 노동을 배제해야 한다.
• 원칙 5: 기업은 아동 노동을 효과적으로 폐지해야 한다.
• 원칙 6: 기업은 고용 및 업무에서 차별을 배제해야 한다.

○ 환경(Environment)
* 원칙 7: 기업은 환경 도전에 대해 예방적 접근을 지지해야 한다.
* 원칙 8: 기업은 환경에 대한 책임 증진에 솔선해야 한다.
* 원칙 9: 기업은 환경친화적 기술의 개발 및 보급을 지원해야 한다.

○ 반부패(Anti‑Corruption)
* 원칙 10: 기업은 부당가격 청구 및 뇌물을 포함하여 모든 형태의 부패에 대응해야 한다.

자료: 삼성경제연구소, 기업의 사회적 책임(CSR) 논의 동향, 2006. 2

이와 같은 UN Global Compact는 비록 미국과 영국의 주도하에 기업의 사회적 책임을 지지하고 명문화 한 것은 아니지만, 전 세계 국가들을 대표하는 국제연합 차원에서 인권, 노동기준, 환경, 반부패 등의 4개 영역에 대한 기업의 사회적 책임 관련 핵심가치를 제창하고 또한 이에 많은 기업들이 가입하여 이를 따르고 있다는 점에서 기업의 사회적 책임 관련 이슈에 대한 국제적인 인식을 제고시키는 데에 기여했다고 할 수 있다.

(2) 국제표준화기구(ISO)의 CSR 표준화 동향[21]

주요 선진국 및 국제기구를 중심으로 기업의 사회적 책임(CSR)의 표준화·규범화가 진행됨에 따라 각국의 상이한 기업의 사회적 책임과 관련한 표준이 새로운 무역장벽으로 작용하고 있다. 따라서 국제표준화기구(ISO)에서는 이를 방지하기 위해서 기업의 사회적 책임에 대한 국제표준의 제정을 추진해왔다.

2001년부터 논의가 시작된 국제표준화기구의 기업의 사회적 책임에 대한 준화 작업은 환경, 노동, 인권, 지역사회 기부 등의 활동을 지수화 하여 국제적인 표준을 만들고 이를 재무제표 상에서는 파악할 수 없는 기업의 지속가능성으로 평가하는 것을 내용으로 하고 있다.

또한 기업의 사회적 책임에 대한 국제적인 규격화 작업은 기업윤리

---

21) http://www.iso.org/참조.

와 사회적 책임을 강제성을 띠지는 않지만 품질인증(ISO 9000)이나 환경인증(ISO 14000)처럼 국제거래의 필수적인 제약조건으로 만들어 지는 것에 합의하고 이를 순차적으로 진행하고 있다.

2004년 6월, 국제표준화기구는 ISO 9000(품질경영), 14000(환경경영)과 같은 시스템 표준형식으로 SR표준 가이드라인(ISO 26000)을 제정하기로 결의하였다.[22)]

같은 해 9월, 태국 방콕에서 열린 사회적 책임 국제표준 제정을 위한 회의에서는 앞으로 3년간 매년 두 차례 ISO 기술관리이사회(TMB) 작업반 회의를 열어 2008년 3월 국제규격(ISO 26000)을 발간키로 하였다.

향후 이 작업은 세계무역기구(WTO), 경제협력개발기구(OECD) 등 국제기구들의 참여 아래 기업의 사회적 책임 라운드(CSR Round)로 확대되어 금융기관들의 투자와 기업간 거래에 중요한 지표로 쓰일 예정이다.

이럴 경우, 기업의 사회적 책임에 대한 대비가 없는 기업은 투자대상으로써나 국제거래 시, 불이익을 당할 수도 있음을 의미한다. 즉 기업의 사회적 책임 라운드의 부상과 함께 좋든 싫든 사회적 책임 이슈에 대한 적극 대응이 요구되는 시점이 다가오고 있는 것이다.

사회책임에 관한 국제표준을 제정하기 위한 새로운 작업반(Working Group: WG)이 창설되어 국제표준화기구 기술사무국의 직속기관으로 기능하게 되기까지의 국제표준화기구의 기업의 사회적 책임관련 표준화 작업의 역사적 배경을 연도별로 살펴보면 다음과 같다.

① 2001년

세계시장에서 다국적 기업 해외자회사들의 사회적 책임에 관한 소비자들의 관심이 높아짐에 따라 2001년 국제표준화기구의 소비자정책위

---

22) CSR이 아닌 SR표준 가이드라인을 제정하기로 결의한 이유는 CSR에서 C(Corporate)를 삭제함으로써 기업 이외에 정부·노조·시민단체 등에게도 적용될 수 있는 사회적 책임(SR) 가이드라인의 제정을 추진하기 위한 것이다.

원회(Consumer Policy Committee: COPOLCO)에서는 사회적 책임에 관한 표준을 제정하는 작업의 타당성 조사를 시작하였고 이해관계자의 의견수렴을 위한 온라인 포럼을 개최하였다.

이 포럼은 캐나다 소비자보호국의 주최 하에 기업의 사회적 책임과 관련한 요소들을 규정함에 있어서의 표준의 역할에 관한 국제적인 논의 촉진을 목적으로 운영되었다. 이는 기업의 사회 책임관련 제도에 관한 인식을 제고하고 현재 그리고 미래의 관련 표준제정 프로젝트의 연관성을 알리기 위한 메커니즘을 제공하고자 한 것이었다.

② 2002년

2002년 6월 국제표준화기구의 소비자정책위원회는 트리니다드와 토바고 표준국(TTBS)의 주최로 '기업의 사회적 책임-개념 및 해결책'이라는 주제로 워크숍을 개최하였다. 2002년 9월, 국제표준화기구의 기술관리이사회(Technical Management Board: TMB)는 다수의 이해관계자가 참여한 전략자문그룹을 개설하여 기업의 사회적 책임 관련 표준 개발 여부에 관한 결정과 관련된 문제를 논의하였다.

③ 2003년

2003년 2월, 기술관리이사회가 개설한 전략자문그룹은 국제표준화기구의 표준화작업이 현재 기업의 사회책임이라는 이름 하에 이미 존재하는 여러 이슈들에 부가가치를 창출할 수 있을지를 조사하여 그 건의안을 국제표준화기구에 제출하였다.

이들 건의안 중에는 국제표준화기구의 표준화 작업은 단지 기업의 사회적 책임 문제만이 아니라 모든 종류의 조직에 적용될 수 있어야 한다는 의견이 포함되어 있었다. 이에 따라 사회책임에 관한 어떠한 국제표준화기구의 결과물에도 특정 조직을 규정하여 한정지우지 않도록 할 것을 결정하였다.

④ 2004년

2004년 4월 전략자문위원회는 각국의 사회책임 관련 제도에 관한 개요와 국제표준화기구가 다루어야 할 문제들을 다룬 광범위한 보고서와 권고안을 만들기 시작하였다.

국제표준화기구는 2004년 6월, 스웨덴 스톡홀름에서 스웨덴 표준화기구(SIS) 주최로 사회책임 관련 회의를 개최하였다. 이 회의에는 33개국의 개발도상국을 포함한 66개국 355명의 전문가들이 기업, 정부, 노동계, 소비자, 非정부기구등의 이해관계자 그룹을 대표하여 참가하였다. 이 회의에서 참가자들은 국제표준화기구가 사회책임 관련 표준을 제정하여야 할 지 여부와 제정을 한다면 어떠한 형태로 개발되어야 하는지를 논의하였다.

이어서 6월 24일에서 25일, 양일간 열린 국제표준화기구의 기술관리이사회 회의에서 사회적 책임 관련 표준을 제정하기로 결정하였다. 기술관리이사회는 또한 회의 참가자들의 일관되고 호의적인 반응을 토대로 더 이상의 표준제정의 타당성 논의는 불필요하다고 결정짓고 곧바로 개발 작업에 착수하여야 한다고 결론지었다. 기술관리이사회는 전략자문위원회의 권고안을 받아들여 사회적 책임 관련 국제표준화기구 작업 착수를 위한 문제를 다루었다.

국제표준화기구는 국가회원들에게 사회적 책임 관련 제정 작업반의 개발도상국과 선진국을 연결하는 공동의장과 간사 선정을 위한 후보자 명단을 제출하도록 하였다. 그 결과, 2004년 9월, 브라질과 스웨덴 국가표준화기구가 간사로 채택되었다.

국제표준화기구는 2004년 10월, 사회적 책임 관련 표준 제정을 위한 신규작업제안서(NWIP)를 발간하여 3개월 동안 회원국들의 투표를 거쳤다. 이 제안서는 투표한 회원의 과반수가 찬성하고 5개국 이상이 규격제정에 참가의사를 밝히면 채택되는 것이다.

⑤ 2005년

2005년 1월, 신규작업제안서는 압도적인 찬성으로 채택되어 사회책임에 관한 표준제정 작업이 이루어지게 되었다.

2005년 9월, 제2차 국제표준화기구의 사회적 책임 관련 작업반 회의가 개최되었는데 여기에서는 ISO 26000(Guidance on Social Responsibility)의 8개항 목차에 합의하였다.

위에서 설명하였던 바와 같은 과정을 겪은 ISO 26000은 이후 2006년 상반기에 1차 초안 작업이 완료되었고 2008년 11월 제7차 총회를 통해 질의안(DIS)을 완료하고 이를 가다듬어 2009년 6월에 최종안(FDIS)을 완료할 계획을 가지고 있다. 그리고 이러한 과정을 거친 후 2009년에 표준규격을 발간할 예정에 있다.

이와 같이 국제표준화기구에서 사회적 책임활동에 대한 표준을 제정하게 되면 기존의 국제표준화기구에서의 인증 제도와 같은 구속력은 없다 할지라도 전세계를 대상으로 경영활동을 수행하는 기업의 입장에서 볼 때 이는 보이지 않는 무역장벽으로 작용하게 될 것이다.

(3) OECD의 표준화 동향

OECD는 1977년 다국적기업 가이드라인(Guideline for Multinational Enterprises) 제정 이후 4차례의 개정을 거쳐 노동관계, 환경, 뇌물방지, 소비자 이익 등에 대한 기업행동준칙을 제시하였다.

그 후 1999년 기업지배구조에 관한 원칙을 제정하고 같은 해 외국공무원 뇌물방지협약 등의 제정을 통해 기업의 사회적 책임을 강조하고 있다.

가. 기업지배구조원칙(Principles of Corporate Governance)

동 원칙은 OECD회원국에 대하여 권고의 성격을 가지고 있는 것으로 기업지배구조에 관한 국제적인 원칙이다. 이 원칙은 ① 주주의 권리, ② 주주의 동등대우, ③ 이해관계자의 역할, ④ 공시와 투명성, ⑤ 이사회의 책임 등 다섯 부분으로 구성되어 있으며 원칙과 주석으로 이루어져 있다.

첫째, 주주의 권리에서는 주주의 기본적인 권리의 내용을 우선 언급하고 있으며 주주의 기업변화와 관련된 의사결정 내용을 숙지할 것과 주주의 의결권 행사를 원활히 할 것을 권고하고 있다. 여기에는 대리 의결권을 인정하는 것을 포함하고 있다.

또한 지분율을 초과하는 지배권의 원칙에 관한 공시가 필요하다는 것을 명시하고 있으며 기업지배권시장의 투명하고 효율적인 운영이 필요하다고 권고하고 있다. 그리고 의결권 행사의 비용과 편익에 대한 고려가 필요하다는 내용이 포함되어 있다.

둘째, 주주의 동등대우는 모든 주주의 동등대우와 주주의 권리침해에 대한 적절한 보상을 규정하고 있다. 여기에서는 동등한 부류의 주주에 대한 동등대우와 내부거래 및 남용적 자기거래의 금지, 이사, 경영진의 사적이해와 기업이해 관련 시 이를 공시해야 한다는 내용을 포함하고 있다.

셋째, 이해관계자의 역할은 기업과 이해관계자간 협력을 촉진하기 위한 내용으로서 이해관계자의 법적 권리 존중, 이해관계자의 권리침해에 대한 적절한 보상 기회 제공, 이해관계자의 참여형태 제고, 이해관계자의 참여시 정보접근 허용을 그 내용으로 하고 있다.

넷째, 공시와 투명성은 기업의 중요정보에 대한 적절한 공시를 통해 경영투명성을 확보하기 위한 것으로 공시정보의 구체적 내용을 언급할 것을 권고하고 공시정보의 작성과 공시과정에서 국제적 회계 및 감사 기준을 적용할 것, 그리고 독립적 외부감사인에 의한 연차 감사를 수행할 것과 정보접근 통로의 적절성이 필요하다는 것을 그 내용으로 하고 있다.

마지막으로, 이사회의 책임은 기업전략 제시, 경영감독, 주주 및 기업 이익 대변 등 이사회의 책임을 강조하는 것으로 이사회 구성원의 충실 원칙, 이사회 구성원의 공정성, 이사회의 준법성, 이사회의 주요 감독기능 언급, 이사회의 경영진에 대한 독립성, 이사회 구성원의 정보접근 확보 등을 그 내용으로 하고 있다.

위에서 언급한 1999년의 기업지배원칙은 각 회원국의 이행실태를 분석하여 5년에 한번씩 주기적으로 개정 보완하기로 되어 있다. 이에 따라 2002년 OECD 각료이사회에서 1999년 기업지배원칙을 조기 개정하기로 결정하였고 약 2년간의 토론 끝에 새로운 이슈로 부상한 최고경영자(CEO)에 대한 과다보수 지급 문제, 기관투자가의 주주기능 활성화, 회계법인과 신용평가사의 이해상충 문제 등에 대한 회원국의 합의를 담아 2004년 5월 OECD 각료이사회에서 개정되기에 이르렀다.

2004년 5월에 개정된 OECD 기업지배구조원칙의 핵심내용을 살펴보면 다음과 같다.

먼저, 주주권의 보호와 권한확대를 위해 이사와 종업원에 관한 보수 중 주주가치를 희석시킬 수 있는 부분(예: 스톡옵션)은 반드시 주주총회의 승인을 얻어야 하며, 기관투자가의 적극적 주주권 행사를 촉진하기 위해 이들의 의결권 행사에 관한 정책과 절차를 반드시 공개하도록 의무화하였다.

한편, 소액주주 및 외국인 주주에 대한 평등대우를 강화하여 대주주의 권한 남용으로부터 소액주주를 보호해야 한다는 원칙을 추가하고, 이들에 대한 효과적인 권리구제수단이 마련되어야 한다고 규정하고 범세계적인 자본시장 개방 추세를 감안하여 외국인 주주의 의결권 행사에 대한 제약을 철폐하도록 규정하였다. 또한 종업원의 감시기능 강화를 위하여 종업원으로 하여금 경영진의 비리를 이사회에 고발할 수 있도록 하고 이러한 사유로 본인에게 부당한 조치를 할 수 없도록 하였다.

기업의 투명성 강화를 위해 상장기업의 필수 공시대상에 최고경영자와 이사의 선임절차, 자격요건, 타 회사의 이사겸임 여부, 이들에 대한 회사의 보수 정책 등 세부사항을 포함하도록 권고하였다.

또한 외부감사가 궁극적으로 책임을 지는 대상은 주주이며 회사에 대해서는 전문가로서의 적절한 주의의무를 져야 한다고 규정하였다. 한편, 증권 브로커, 투자은행의 분석가, 신용평가회사의 이해상충 문제를 해소할 수 있는 적절한 장치가 마련되어야 한다고 규정하였다.

이사회의 책임강화를 위해 회사의 지배구조를 자체 점검하고 최고경영자와 이사의 보수를 회사와 주주의 장기적 이익과 일치시키도록 노력할 것을 이사회의 책임으로 명문화하였다. 또한 이사회의 의장과 최고경영자를 분리하는 방안을 검토하였으나, 각국의 제도가 상이하므로 양자를 분리하도록 강제하는 대신 모범사례의 하나로만 권고하였다.

나. 외국공무원 뇌물방지협약

본 협약은 각 체약국들이 국제 상거래 과정에서 외국공무원에 대한 뇌물 공여행위를 범죄로 규정하기 위해 필요한 조치를 이행할 것을 내용으로 하고 있다. 여기에는 공여 행위뿐 아니라 선동, 협조, 교사를 포함한 공모나 공여행위를 하도록 위임하는 행위도 포함된다.

또한 각 체약국들은 외국공직자 증뢰행위에 대해 법인에 대한 책임을 부과할 수 있는 조치를 취해야 한다고 되어 있으며 또한 각 체약국들은 외국공직자에 대한 뇌물공여자에 대한 사법적 제재조치를 취해야 한다고 규정하고 있다.

뇌물공여자에 대한 처벌은 체약국 자국 공직자의 뇌물공여에 적용되는 범위에 준할 것을 명시하고 체약국의 법률체제상 법인의 형사책임이 인정되지 않는 경우 금전적 제재 등 비형사적 처벌을 강구할 것을 명시하고 있다. 또한 뇌물에 대한 몰수·추징은 물론 뇌물제공으로 얻은 이익을 몰수할 수 있는 조치를 취할 것을 포함하고 있다.

위에서 살펴본 바와 같이 OECD는 기업지배구조원칙과 외국공무원 뇌물방지협약 등을 통해 기업의 사회적 책임을 강조하고 있으며 이제 이러한 기업의 사회적 책임 수행은 단순한 제도상의 문제가 아니라 시스템의 성과는 물론 성장과 효율에 직접적인 영향을 미치는 중요변수로서 자리매김하고 있다는 것을 이를 통해 알 수 있었다.

2) 기업의 사회적 책임의 효과

(1) 기업에게 요구되는 역할과 그 효과[23]

최근 국제사회는 사회·경제적 측면에서 많은 구조적 변동을 겪어 왔으며, 이제 새로운 모습을 갖추기 위한 또 다른 전환기에 있다고 할 수 있다.

이러한 시기에 있어서 기업에게 요구하는 역할을 통해 사회적 책임의 효과를 살펴보면 다음과 같다.

첫째, 기업은 사회에서 중추적 역할을 하는 사회적 기관(Social Institution)이라는 인식을 통해 경제적 부의 창출뿐만 아니라 변화하는 환경에 대처하고 혁신적 변화를 주도하여 보다 넓은 의미에서의 경제성장이 이루어지도록 기여해야 한다. 이때 비로소 기업은 현대사회에서 경제적·사회적 발전의 역할을 제대로 수행하고 있다고 할 것이다.

우선, 기업이 추구하는 목표가 사회 전체의 이해와 상충되는 경우 그 존재가치를 잃게 된다. 기업은 사회에서 제공한 터전을 바탕으로 성장·발전하게 된다. 따라서 기업의 경제적 성과를 달성하기 위한 경영활동이 사회의 전체적인 이해와 충돌할 경우 기업은 터전을 잃게 되는 것이므로 더 이상의 생존을 보장받을 수 없게 된다.

또한 기업은 장기적인 관점에서 사회 전체의 이득을 생각하는 것이

---

23) 곽수일(1991), "기업의 사회적 책임", 『경영계』, 1991년 6월호.

필요하다. 즉 넓은 의미에서 기업의 사회적 책임은 사회의 모든 문제에 대하여 관심을 보이고 해결을 모색하는 것이다.

이는 사회 전체가 건전하게 발전하여 좋은 환경에서 훌륭한 교육을 받는 경우 궁극적으로 기업성장에 도움이 되기 때문이다. 기업이란 이런 관점에서 자신의 이익이나 종업원의 복지뿐만 아니라 사회 전체의 입장에서 도모하여야 하는 사회적 책임이 있다는 것이다.

그리고 기업이 사회적 책임을 적절히 수행할 때 비로소 국민이나 정부로부터 받게 되는 압력이 감소될 것이다. 특히 정부로부터 받게 되는 압력이 현실화될 때 이는 규제나 인·허가제도의 형태로 나타날 것이고 이는 결국 기업의 비용만을 증대시키는 결과를 낳게 될 것이다.

이와 같은 규제나 인·허가제도는 기업의 행동폭을 감소시키고 정부 부서로의 권한 집중만을 가속시키게 될 것이기 때문에 이에 대한 관리가 무엇보다 필요한 것이다.

둘째, 기업은 기업의 기본목표 중의 하나인 이윤극대화 과정에서 이제는 사회가 인정하는 공정하고 청렴한 방식에 입각하여 행동함으로써 사회에서 공인하는 기업의 이익이 되도록 경영이념의 전환이 필요하다.

이렇게 될 때 사회에서 기업의 공헌도와 기여도를 본격적으로 인정하는 시대가 올 것이기 때문이다. 만약 기업의 이윤이 사회에서 수용될 수 없는 방법에 의하여 이루어지는 경우 사회로부터의 비난은 당연한 결과가 될 것이다.

마지막으로 각계각층에서 분출하는 사회적·경제적 욕구에 대하여 이를 조화시키고 조종하는 역할을 수행하는 동시에 이러한 변화의 와중에서도 창조적이고 혁신적으로 변화에 대응하여 사회 전체의 발전을 도모하는 슘페터적 기업가상을 가져야 할 것이다.

만일 우리 사회에서 기업이 위와 같은 기능과 역할을 감당하지 못하거나 어떤 연유로 기업이 와해된다면, 과거 사회주의 국가나 남미의 몇몇 국가같이 궁극적으로 경제가 후퇴하고 사회 전체가 침체의 구덩이로 전락하게 될 것이기 때문이다.

(2) 전략적 사회공헌활동으로의 변화

기업의 사회적 책임활동의 수행이 주는 효과는 기업의 사회공헌활동
이 전략적 사회공헌활동으로 변화했다는 사실을 통해서도 알 수 있다.

최근 들어 기업의 사회공헌활동은 공익 연계마케팅 활동을 강화하는
등의 전략적 사회공헌활동으로 변화하고 있다. 기업들의 이러한 전략적
인 사회공헌활동의 추구는 기업에 대한 사회적 이미지 제고 효과가 매
우 크고 소비자의 신뢰를 구축할 수 있으며 지역사회와의 유대가 강화
되고 그럼으로써 장기적인 안목으로 볼 때 기업에 이익을 가져다주기
때문이다.

특히 기업들에 의한 사회공헌의 글로벌화 추구는 현지국의 해외 현
지법인에 대한 우호적 관계 형성에 긍정적으로 기여하게 된다.

따라서 기업은 사회적 책임활동을 분야별로 분석하고 체계적으로 관
리하기 위한 전략을 수립하여야 한다. 왜냐하면 기업의 사회적 책임활
동을 분석·평가하여 관리하는 것은 긍정적인 기업 이미지를 창출하여
매출을 증대시킬 수 있기 때문이다. 더불어 제품이나 기업에 대한 인
지도와 선호도에 영향을 미침으로써 결국 기업의 통합 마케팅 커뮤니
케이션에도 영향을 미치게 된다.

(3) 기업의 사회적 책임의 효과 측정

위에서 언급하였듯이, 기업들이 사회적 책임을 성실하게 수행하고
기업의 전략과 비전을 사회적 책임과 일치시켰을 때에만 기업은 생존
할 수 있고 성장할 수 있게 된다. 그러면 실제로 사회적 책임을 수행
했을 때 얻게 되는 기업의 경제적 효과를 측정할 수 있을까? 이에 대
한 답으로 최근 부각되고 있는 것이 바로 사회적 책임투자이다. 기업
의 사회적 책임의 효과측정 수단이 되고 있는 사회적 책임투자에 대해
살펴보도록 한다.

　최근 해외투자자 가운데 대다수가 사회적 책임투자 펀드에 대한 투자를 선호하는 경향이 나타나고 있다. 이에 따라 해외 주요 기업의 IR(Investor Relations) 담당자들도 자신들의 기업이 사회적 책임을 다하는 기업이라는 것을 입증할수록 기업활동에 이익이 된다는 사실을 인식하기 시작하였으며, 사회적 책임이 투자의 척도로 활용될 수 있는 만큼 시대적 조류로서 선택이 아닌 필수적 경영전략으로 새로이 인식되고 있다.

　기업의 사회적 책임의 효과를 측정하는 데 가장 널리 사용되는 지표로는 SROI(Social Returns On Investment)가 있다. SROI는 사회 공헌 활동을 통해 얻을 수 있는 사회적 현금 흐름의 현재 가치를 사회 공헌 활동에 필요한 투자액의 현재 가치로 나눈 값으로서, 100%를 넘으면 사회적으로 유리한 투자 안이라고 해석할 수 있다.

$$SROI = \frac{\text{현재가치(사회공헌활동의 기대효과)}}{\text{현대가치(사회공헌활동의 총투자액)}} \Rightarrow 1보다 크면 유리$$

　SROI는 기업의 투자 의사결정 기법으로 가장 많이 활용되는 NPV나 IRR과 유사한 계산 구조를 가지고 있어 이해하기 쉽다는 장점을 지니고 있다.

　현재 SROI는 자금 조달이 필요한 벤처 기업이나 비영리 기관 등을 중심으로 활발히 활용되고 있다. 특히 사회적으로 가치 있는 기술을 보유하고 있는 벤처 기업의 경우, 시장 메커니즘으로는 자금 조달이 어려우므로 정부나 공익 재단 등으로부터 자금 조달을 위해서는 SROI를 통해 자신의 기술이 얼마나 큰 사회적 영향을 지니고 있는지를 보여 주는 사례가 많다. 다음에서는 이와 관련한 사례들을 간단히 살펴보도록 한다.

　[사례 1] Wilson Turbopower(WT)는 에너지 효율을 향상시키는 기술을 개발하는 미국의 벤처 기업이다. 창업 2년째인 2004년의 실적이 그

리 뛰어나지는 않지만, 군과 나사(NASA) 등으로부터 큰 관심을 끌고 있다.

잠재 고객들은 이들의 기술로부터 큰 폭의 원가 절감 효과를 얻을 수 있을 것으로 기대하고 있다. WT의 창업자들은 자신들이 개발할 기술의 사회적 효과에 대한 강한 믿음이 있었는데, SROI를 통해 비화폐적 효과를 보여 줌으로써 결국 자금 모금에서 성공할 수 있었다. 자금을 주로 정부와 벤처 캐피탈에서 동원하였고, 일부 엔젤 투자자들도 참여하였다.

[사례 2] 1997년에 설립한 Mobius Technology(MT)는 폴리우레탄 폐기물의 재활용 기술을 보유한 회사다. 가구와 자동차 생산 기업들은 이들의 기술을 활용하여 원자재를 약 20% 정도 감소할 수 있고, 폐기물 역시 거의 없앨 수 있다.

2001년에 이들은 SROI 지표를 이용하여, 잠재적 투자자·고객·전략적 파트너 등에게 자신들의 장비를 쓰면 사회적으로 얼마나 큰 효과를 볼 수 있는지 보여 줄 수 있었다. MT는 SROI를 통해 미국 기업 중 처음으로 중국계 청정 기술 벤처 펀드의 투자를 얻어냈으며, 다우 케미컬과는 규제 가스에 대한 배출 권리를 둘러싸고 협상을 벌일 수 있었다.

[사례 3] Bronx Charter School for the Arts(BC)는 예술 교육이 학습과 인간계발에 도움이 된다는 믿음으로 2003년 9월에 설립된 초등학교이다. 이 학교의 교과 과정에 대한 평가는 학생의 성과, 학부모 만족도, 교직원 만족도, 재무성과 등의 4가지 차원에서 이루어진다.

특히 BC가 활용하고 있는 SROI는 경제적 생산성이나 범죄 발생 등 장기적 영향을 고려하여 산출되고 있기 때문에, 학생들이 노동 시장에 진출할 시점에서의 경제적 효과를 고려하는 등 단기적 차원의 교육 성과에서 벗어나 장기적 시각에서 교육 계획을 수립하는 데 큰 도움을

주고 있다.[24)]

위와 같은 기업들은 SROI를 적절하게 이용하여 자금을 모으고 이를 통해 성장해 나갈 수 있었음을 보여주고 있다. 이렇듯 기업의 사회적 책임은 SROI를 통해 사회에 미치는 경제적인 효과들을 측정할 수 있게 되었으며 이를 통해 기업의 향후 성장성이나 기업의 가치를 평가하는 데에 더 많이 사용됨으로써 그 중요성이 더욱 부각되고 있음을 알 수 있다.

3) 기업의 사회적 책임과 경제적 성과와의 관계

기업의 사회적 책임을 강조하는 많은 학자들은 윤리수준이 높고 사회적 책임에 충실한 기업일수록 경영성과가 뛰어나며, 따라서 윤리경영과 기업의 사회적 책임이야말로 최선의 장기 전략이라고 주장한다.

그러나 경영성과와 기업윤리 또는 기업의 사회적 책임 사이의 상생 관계는 결코 쉽게 도달할 수 있는 목표는 아니다. 우선 법률은 위반하면 즉각적인 제재를 받지만, 윤리는 내적인 자기규범인 만큼 벌칙으로부터 자유롭다.

소비자들도 반드시 사회적 책임을 충실히 이행하는 기업의 제품을 구입한다는 보장도 아직까지는 없다. 더 나아가 시민단체 혹은 정부가 원하는 높은 수준의 기준을 충족시키는 기업은 오히려 비용 부담 때문에 성장에 제약을 받을 수도 있다. 실제로 호황기에는 기업의 사회적 책임을 강조하다가 경영상황이 다소 불투명해지면 자선활동을 비롯한 각종 사회 공헌 활동부터 축소하는 경우도 쉽게 발견된다.[25)]

하지만 또 다른 견해에 따르면, 경제적인 측면에서의 사회적 책임 활동은 기업의 성과와 장기적인 가치에 긍정적인 영향을 주고 있다고

---

24) 고재민(2005), 앞의 보고서, pp.4 - 5.
25) 최인철(2005), "기업의 사회적 책임, 현황과 과제", 『경영계』, 2005년 6월호, p.19.

주장한다. 유명 마케팅 저널인 Journal of Marketing은 1997년 1월 기업의 사회적 책임 활동과 소비자의 반응이라는 주제로 발표한 바 있다.

논문의 연구 결과, 사회적 책임 활동은 소비자의 기업에 대한 평가에 긍정적인 영향을 주는 요인으로, 기업에 대한 호의적인 평가는 제품의 선택에 긍정적인 영향을 미치는 요인으로 나타났다. 즉, 사회적 책임 활동은 기업에 대한 평가에 긍정적인 영향을 줌으로써 간접적으로 제품의 평가에 영향을 미치는 것으로 밝혀진 것이다.

또한 DJSI[26]와 FTSE4GOOD 지수 역시 여타 지수의 상승률을 뛰어넘고 있어 사회적 책임에 대한 관여도가 높은 기업의 가치가 그렇지 않은 기업에 비해 더 많이 상승했음을 간접적으로 보여주고 있다. 이와 같은 현상은 투자자들이 기업가치를 평가함에 있어서 단기적인 수익성 이외에 장기적으로 사회적인 책임과 같은 요소를 중요하게 여긴다는 것을 반증하고 있는데, 앞서 살펴보았던 SROI라는 새로운 투자기법이 유행하게 된 것도 이러한 현상 때문이라 하겠다.[27]

또한 기업의 자선활동은 제품판매에 직접적인 영향을 주기도 한다. 대의 마케팅이 그 대표적인 예이다. 대의 마케팅이란 재화 및 서비스의 구매 욕구를 사회적 대의(大義)와 관련시켜 자극함으로써 관리되는 마케팅활동을 말한다.

1980년대 초반 미국의 아메리칸 익스프레스社(American Express)가 고객으로 하여금 자사 카드의 1회 사용 시마다 자유의 여신상 보수자금으로 사용될 1센트의 기부금을 요청했던 사실에서 비롯되었다. 同社는 총 170만 달러의 모금에 성공했으며, 그러한 대의 관련 마케팅활동으로 자사카드의 사용률이 28% 증가한 바 있다.

---

26) 미국 다우존스와 스위스의 자산관리사인 SAM(Sustainable Asset Management)는 1999년부터 공동으로 다우존스 지속가능성지수(DJSI)를 조사, 발표하고 있으며, 영국 파이낸셜 타임즈지와 런던증권거래소가 공동으로 설립한 FTSE는 FTSE4GOOD 지수를 발표하고 있다.

27) 정용수(2005), "기업의 사회적 책임(CSR) 라운드에 대비하라", LG경제연구원 주간경제 858호, p.5.

대의 마케팅을 통해 비영리조직은 기부를 받게 되고, 기업은 매출을 증대시킬 수 있으며, 소비자는 보다 저렴한 가격에 제품을 구입하는 동시에 남을 돕고 있다는 심리적 효과를 얻을 수 있다는 장점이 있다.

물론 대의 마케팅이 한계를 가지는 점도 있다. 즉, 기업의 사회적 책임 이행은 조건 없이 주는 조건이어야 하는데 이것은 그들의 기부행위가 가시적, 유행적, 低위험 지향적 자선행위로 변질되어 위선적인 마케팅 수단으로 전락하고 있다는 것이다. 하지만 대의 마케팅은 국내 기업에게 자선 행위 또한 제품판매에 직접적 영향을 주는 경영활동의 일부가 될 수 있음을 보여주는 사례이다.[28]

그렇다면, 실제로 사회적 성과가 높은 기업들이 낮은 기업들보다 더 나은 재무적 성과를 나타내는가? 아니면 재무적 성과가 높은 기업들이 낮은 기업들보다 더 좋은 사회적 성과를 나타내는가? 또는 기업의 사회적 성과가 재무적 성과에 있어서 변화를 이끌어 내는가? 아니면 반대로 재무적 성과가 기업의 사회적 성과에 대한 투자를 이끌어 내는가? 이와 같은 주제들에 대한 여러 기존학자들의 실증분석 결과들을 살펴보면 다음과 같다.

① 박헌준의 연구[29]

박헌준의 연구에서는 1996년부터 1998년까지 3개년에 걸쳐서 288개 한국 상장 제조업체들에 대해 경실련 경제정의지수를 이용한 실증분석을 실시하였다.

실증분석 결과, 첫째, 사회적 성과가 높은 기업의 재무적 성과 수준이 사회적 성과가 낮은 기업의 재무적 성과 수준보다 더 좋을 것이라는 연구결과가 도출되었다. 기업의 사회적 성과 수준은 재무적 성과에

28) 이상민, 최인철(2002), 앞의 보고서, pp.54-55.
29) 박헌준(2002), "기업의 사회적 성과와 재무적 성과와의 관계", 『새로운 경쟁력, 기업의 사회적 성과』, 경실련 경제정의연구소, pp.286-318.

유의적인 정(+)의 영향을 미치는 것으로 나타났다. 즉, 기업의 재무적 성과가 사회적 성과 수준에 의하여 좌우되는 것으로 밝혀졌다.

이러한 결과는 기업의 사회적 성과가 재무적 성과에 대하여 긍정적인 관계를 갖는다는 최근의 연구 결과들(Albinger and Freeman, 2000; McGuire, Sundgren, and Schneeweis, 1988)을 지지하고 있으며, 워독(Waddock)과 그레이브스(Graves)[30]가 사용한 선의 경영이론과 일치한다.

여기서 선의 경영이론이란 기업이 제반 기업활동을 건전하고 공정하게 유지하며 이해 관계자를 비롯한 사회에 대한 책임을 충실히 수행할 때 수익성, 단기 상환능력, 그리고 부채 비율과 같은 재무적 성과에 있어서 더 좋은 성과를 얻을 수 있다는 것을 말한다. 다시 말해서 선한 경영을 하는 기업이 기업의 효율성을 높일 수 있으며 충분한 자금력과 낮은 재무적 위험을 수반할 수 있다는 것이다.

둘째, 재무적 성과가 좋은 기업의 사회적 성과 수준이 재무적 성과가 낮은 기업의 사회적 성과 수준보다 더 높을 것이라는 연구결과를 얻었다. 기업의 재무적 성과 수준은 기업의 사회적 성과에 유의적인 정(+)의 영향을 미치는 것으로 나타난 것이다. 즉 기업의 사회적 성과가 기업의 재무적 성과수준에 의하여 좌우되는 것으로 밝혀졌다.

이러한 결과는 기업의 재무적 성과가 사회적 성과에 대하여 긍정적인 영향을 미친다는 해몬드와 슬로컴(Hammond and Slocum, 1996)의 연구결과를 지지하는 것이며 워독과 그레이브스(1997)가 제시한 여유 자원 이론과 일치한다. 즉, 높은 재무적 성과로 여유 자원의 사용이 잠재적으로 가능한 기업들이 기업의 사회적 성과 향상을 위한 투자에 훨씬 자유로울 수 있고, 반면에 재정적 어려움을 겪는 기업들은 상대적으로 사회적 성과활동에 차별화된 투자가 어려울 것이라는 것이다.

---

30) Waddock, S. A. and Graves, S. B.(1997), "The Corporate Social Performance−Financial Performance Link," *Strategic Management Journal*, 18, pp.303−319.

② 김해룡 외 3인의 연구[31]

이 연구는 기업의 사회적 책임활동을 측정할 수 있는 척도로써 ①
사회공헌활동, ② 지역·문화사업활동, ③ 소비자 보호, ④ 환경보호,
⑤ 경제적 책임 등 5가지 차원의 활동에 대한 사회적 책임 척도를 개
발하였다.

이렇게 개발된 5가지 기업의 사회적 책임 차원과 소비자 신뢰, 충성
도와의 관계를 회귀분석을 통해 살펴본 결과 대부분 유의미한 결과가
나타났다고 주장하였다.

먼저 이동통신서비스의 경우 5가지 기업의 사회적 책임활동들은 소비
자신뢰에 모두 유의미한 영향을 미치고 있는 것으로 나타났으며, 소비자
보호>환경보호>사회공헌활동>경제적 책임>지역·문화사업활동의 순
으로 그 영향력이 크게 나타났음을 주장하였다.

또한 소비자 충성도에는 경제적 책임을 제외한 다른 차원들은 모두
사회공헌활동>소비자보호>환경보호>지역·문화사업활동의 순으로 유
의한 영향을 미치고 있는 것으로 나타났다고 주장하였다.

즉 기업의 사회적 책임활동의 수행은 소비자들의 신뢰나 충성도의
제고에 긍정적인 영향을 미친다는 것이다. 특히 기존의 연구들에서와
같이 소비자들의 구매의도나 충성도뿐 아니라 소비자들의 신뢰를 확보
할 수 있는 유용성을 확인함으로써 소비자와 기업간 관계관리 측면에
서도 기업의 사회적 책임활동이 중요한 역할을 수행할 수 있음을 제시
하고 있다는 것이다.

이상에서 살펴본 바와 같이 기업들이 사회적 책임을 성실히 수행할
수록 높은 이윤을 창출함으로써 성장할 수 있는 원동력을 확보할 수
있음을 여러 기존의 실증분석 등을 통해 알 수 있었다.

따라서 기업의 성장과 생존을 위해서는 사회적 책임활동들을 성실히

---

[31] 김해룡, 김나민, 유광희, 이문규(2005), "기업의 사회적 책임에 대한 척도 개발",
『마케팅연구』, 제20권 제2호, pp.67-87.

수행하는 것이 중요하며 이러한 사회적 책임활동들을 기업의 전략으로 재인식하여 경쟁기업과의 차별화를 추구해야 할 것이다.

2. 경영전략으로서의 사회적 책임[32]

기업이 사회에서 요구하는 책임을 성실히 이행함으로써 이익을 최대화하고 생존 및 성장해 나가기 위해서는 기업 내부에서 사회적 책임에 대한 인식의 전환이 전제되어야 할 것이다.

즉, 기업은 사회가 기업에게 요구하는 사회적 책임을 단순히 수행해야 할 의무로 인식하기보다는 이를 경영전략의 하나로 받아들이고 이를 수행할 때 사회적 책임을 성실히 수행함으로써 얻어지는 이익은 보다 더 극대화 될 수 있을 것이다.

이와 같은 관점에서 볼 때, 기업이 경영전략 차원에서 추진하는 사회적 책임 활동은 대략 4가지로 나누어진다.

첫째는 윤리경영이다. 윤리경영은 자신의 사업을 추진함에 있어 법령 준수는 물론 사회통념에 어긋나지 않는 의사결정 관행을 마련함으로써 각종 리스크를 사전에 예방하기 위한 것이다.

윤리경영은 윤리강령(code of ethics)제정, 윤리경영을 실현하기 위한 감독조직(compliance check organization)의 운영, 반복 교육을 통한 공감대 형성(consensus by ethic education) 등 이른바 '3C'로 요약되는 시스템을 통해 실천된다.

첫 번째 구성요소인 윤리강령은 기업윤리 준수를 위한 사원들의 행동지침을 성문화한 기업과 임직원들과의 약속을 가리킨다. 둘째로 윤리경영을 실현하기 위한 감독조직은 내부고발제도를 운영하고 윤리경영의 실천 여부를 평가하는 것을 포함한다.

---

32) 최인철(2005), 앞의 보고서, p.19,

셋째는 기업윤리 준수를 위해 반복적인 교육을 실행함으로써 임직원들 간의 공감대를 형성하는 것이다. 1982년 타이레놀 독극물 투입 사건에 적극적으로 대응하여 위기관리의 대명사로 이름을 굳힌 존슨 & 존슨은 1943년부터 위와 같은 윤리경영 시스템을 도입, 실천해 오고 있는 대표적 기업이라 할 수 있다.

특히 미국에서는 1991년 위와 같은 윤리경영시스템을 갖추고 있는 기업의 경우, 연방법을 위반해도 법원이 면책 혹은 징계 수준을 감면해 줄 수 있는 「연방법원 판결지침(Federal Sentencing Guideline)」을 도입하고 있다. 그 결과 지난 2003년 현재 포춘誌 선정, 500대 기업 중 약 92%가 윤리경영 시스템을 갖추고 있는 것으로 알려지고 있다.

두 번째 영역은 순수한 사회적 책임 활동의 실천이다. 윤리경영이 윤리적 가치를 경영활동에 적용하고, 책임 있는 의사결정을 유도하기 위한 것이라면 사회적 책임은 이윤 추구 외에 이해관계자들 그리고 지역공동체에 대한 기업의 공헌을 의미한다.

이러한 사회적 책임 활동은 사업과는 직접적인 관련이 없을 수도 있지만, 기업규모가 커지고 이해관계자들의 요구가 증대하면 외면하기 힘들어진다. 환경오염의 주범으로 인식되는 자동차 회사나 석유회사가 환경보호재단을 운영하거나 제지회사가 전개하는 식수활동 등이 그 대표적인 사례이다.

셋째, 기업이 자선활동 차원을 넘어 투자수익과 연계된 적극적 사회공헌 활동을 펼치는 경우도 있다. 과거에는 수익의 일부를 사회로 환원하는 순수한 자선활동이 주류를 형성했으나, 최근에는 기업가치로의 환원도 동시에 고려하는 전략적 사회공헌활동이 각광을 받고 있다.

미국의 신용카드업체인 아메리칸 익스프레스社는 전 세계에 걸친 100여 개의 유적 보존 운동을 전개하면서 이를 여행 상품과 연결시켜 부가 수익을 거두고 있다.

그밖에 일본의 한 주택업체는 비영리조직과 연계한 주택환경 개선작업을 통해 지역 공동체 전체의 자산 가치를 증진시키고 조경사업 부문의 매출도 증대시키는 효과를 거두었다.

이러한 사회적 책임 활동은 단순한 자선활동에 비해 지속성과 규모의 확대를 도모할 수 있다는 장점이 있다. 또한 정부와 시민단체 및 오피니언 리더들과의 네트워크 구축 등을 통해 사회변화에 신속히 대응할 수 있는 기회를 확보하는 효과도 기대할 수도 있다.

마지막으로 기업의 사회적 책임을 비즈니스 모델화하는 사례도 발견된다. 이는 이윤 획득과 동시에 사회가치를 창조하여 경쟁우위를 확보하고자 하는 전략이다. 동물실험 금지를 모토로 소비자들의 폭발적인 반응을 유도해 낸 영국의 「The Body Shop International」, 안전과 환경을 배려한 철저한 정보공시를 바탕으로 자체브랜드를 개발하여 기록적인 매출 증대를 올린 일본의 유통업체 「이온(AEON)」 등이 그 대표적인 사례이다.

기존의 비즈니스 모델을 갖고 있는 대기업의 경우에는 이러한 전략을 실천하기 어려운 측면도 있을 수 있으나, 신규사업개발 등에 있어서는 충분히 참조할 만하다.

뿐만 아니라 최근에는 사회적 책임과 경영활동이 시민단체를 매개로 통합되는 경우도 발생하고 있다. 대표적인 예로 스타벅스를 들 수 있다. 스타벅스는 2000년 주주총회에서 소비자들에게 '공정무역(Fair Trade)'이 인증한 커피 제품만을 판매할 것을 요구하는 시민단체 '글로벌 익스체인지(Global Exchange)'의 거센 항의에 직면했다.

글로벌 익스체인지는 빈곤국가의 커피산업에서 벌어지는 세계 대기업들의 횡포로 인해 실제 생산자들은 절대 빈곤에서 헤어날 길이 없다는 점에 주목하면서 자신들이 인증하는 공정하게 거래된 커피만 사용할 것을 요구하였다.

스타벅스는 처음에는 경제성을 들어 거부감을 표명했으나, 곧 이들의 요구를 전격 수용했을 뿐 아니라 한걸음 더 나아가 포드재단 등과 손잡고 소작농들이 환경을 파괴하지 않는 방법으로 커피를 재배할 수 있는 실험 프로젝트를 지속적으로 후원하고 있다.

위에서 언급한 기업이 경영전략 차원에서 추진하는 4가지 차원의 사회적 책임 활동들 모두는 지금의 경영환경에서 기업의 생존을 유지하고 더욱 발전하기 위한 필수적인 경영전략이다. 이러한 경영전략을 적절하게 구사하고 이를 통해 최대의 기업목표를 달성하기 위해서는 앞서 언급한 바와 같이 기업의 사회적 책임활동에 대한 최고경영자와 기업과 관련된 제반 이해관계자들의 이에 대한 인식이 전제되어야 할 것이다.

제3절 기업의 사회적 책임에 대한 인식33)

기업의 사회적 책임에 대한 논쟁은 크게 세 가지 시각으로 나누어진다. 첫째는 사회적 책임에 대한 부정적 시각이고 둘째는 긍정적 시각이다. 전자는 주로 신고전학파 경제학적인 시각을 바탕으로 하고 있고, 후자는 사회경제학적 시각을 반영하는 것이다. 최근에 들어와서는 위의 두 시각을 혼합한 절충형 시각이 새로이 등장하고 있다.

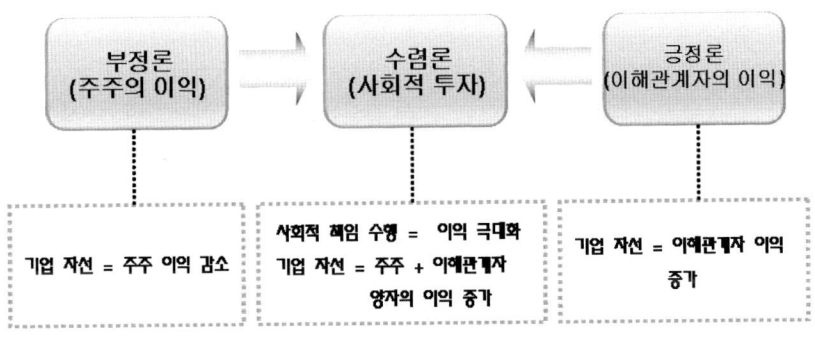

〈그림 2〉 기업의 사회적 책임에 관한 시각

---

33) 이상민, 최인철(2002), 앞의 보고서, pp.17-20.

1. 기업의 사회적 책임에 대한 부정적인 견해

기업의 사회적 책임에 대한 첫 번째 시각은 신고전학파 경제학(neo -classical economics)의 시각이다. 이들은 일반적으로 기업의 사회적 책임을 부정하는 경향이 매우 강하다.

이들의 논리에 따르면, 기업가들은 그들의 이익을 극대화하기 위해서 능률을 증진시키고 비용을 절감함으로써 사회적으로 공헌한다고 본다. 따라서 기업에 주어진 역할은 이익을 내는 본업에 충실한 것이며 사회의 제반 문제들에 신경을 쓰는 것은 그 만큼 다른 비용을 증가시켜 주주들에게 돌아갈 혜택을 감소시키게 된다.

이러한 비용은 생산하는 제품 가격에 전가되어 가격이 상승하는 결과를 낳아 결국 고객에게 고스란히 피해가 돌아가고 경쟁력 상실로 인하여 새로운 고용창출에 실패하게 된다는 것이다. 결국 주주의 이익을 극대화하는 것이 기업의 최대 역할이라는 것이다(Schwartz, 1996; Himmelstein, 1997).

프리드만(Friedman)[34]에 따르면, 기업은 단 하나의 책임, 즉 경제적 성과만 내면 된다고 주장한다. 주주는 기업의 주인이기 때문에 기업이 창출하는 이익은 당연히 주주들의 몫이어야 한다는 것이다.

기업의 경영자는 주주들로부터 전권을 위임 받은 중개인이기 때문에 주주들의 이익을 보장하는 경영을 한다는 도덕적 책임을 가져야 한다. 따라서 경영자들의 결정에 의한 기부행위는 금해야 하며, 만약 사회의 요구가 거세질 경우 세금을 더 내면 된다는 것이다.

주주는 기업과 관련된 이해관계자들과 맺는 계약에 의해 자신들의 이익을 보장받는다. 각각의 이해관계자들은 기업과 계약관계를 맺고 있고 이들이 기업에 제공하는 서비스에 비례하여 그만큼의 혜택을 받게

---

34) Friedman, M.(1970), "The Social Responsibility of Business is to Increase Its Profits," New York Times Magazine, 32, Sept. 13, pp.122−126.

된다.

즉, 경영자와 종업원들은 임금 지불이라는 수단으로, 지역사회는 세금 징수로, 공급업자는 적절한 가격으로 보상받게 되고, 이러한 보상을 제하고 남는 나머지 부분이 주주들에게 돌아가는 이익이 된다는 것이다.

또 다른 한편으로는 기업의 사회적 책임의 수행이 기업 본연의 경제적 기능을 약화시킨다는 주장이 제기되기도 한다. 즉, 기업의 사회 내에서의 본연적인 기능은 사회가 필요로 하는 재화와 용역을 생산하는 경제적 기능을 전문적으로 담당하는 것이므로 이러한 기업의 경제적 기능 이외에 사회적 책임의 수행이라는 추가적인 기능을 기업에게 요구하는 것은 오히려 기업의 본연적인 경제적 기능의 수행마저 저해시킬 수 있다는 논리이다.

또한 기업의 사회적 책임 수행에 대한 반대적인 시각을 펴는 논리 중의 하나는 기업이 사회적인 책임 활동을 수행하게 될 때 시장의 비효율성이 초래된다는 것이다. 고전학파의 이론에 따르면 시장이 자유로울 때 자원사용의 효율성을 극대화할 수 있으며, 자원사용의 효율성이 극대화 될 때 사회적 부의 극대화를 달성할 수 있다고 본다. 이러한 이론에 의하면 기업들이 본연의 경제적 목적 외에 사회적 목적을 추구하도록 강요하는 것은 효율적인 자원사용을 불가능하게 하고 그럼으로써 시장의 기능을 왜곡시키게 되며, 더 나아가 사회적 부의 극대화를 저해하는 결과를 초래한다는 것이다.

이상에서 살펴본 바와 같이, 신고전학파 경제학자들은 사회에 대해서는 세금을 통해 역할 수행을 하고 있는 만큼 기업을 둘러싼 모든 이해관계자들의 이익을 위해서는 기업은 오직 주주의 이익을 극대화하는 것이 바람직하며 세금이외의 기업의 사회적 책임 수행은 불필요하다는 주장을 하고 있다.

2. 기업의 사회적 책임에 대한 긍정적인 견해

두 번째 시각은 사회적 책임에 대한 긍정적 시각으로 이해관계자론 (stakeholder theory)으로도 불린다.[35] 20세기에 들어서서 자본주의의 발달과 함께 기업의 규모가 커지고 그에 비례하여 권력과 영향력이 증대됨에 따라 이에 상응하는 기업의 사회적 책임 또한 커지게 된다.

이에 따라 1970년대 이후 모든 사람들이 살기 좋은 사회를 만드는데 협력해야 하듯이 기업도 사회의 구성원으로서 당연히 책임 있는 역할을 수행해야 한다는 주장이 확산되게 된다.

즉, 장기적으로 보면 사회의 요구를 외면할 경우 결국 사회전체의 비용으로 되돌아오게 되어 기업의 비용 지출이 증대될 수밖에 없다는 것이다. 따라서 사회 전체의 발전이 기업의 발전에도 도움이 된다는 것이다.[36]

드러커(Drucker)[37]는 기업은 이익만 추구하는 조직이 아니며 기업의 행위는 개인의 행위와 마찬가지로 윤리적 표준에 맞추어서 평가되어야 한다고 주장한다. 따라서 기업은 자기의 행동에 대하여 법적·도덕적으로 책임을 져야하며, 사회 속에서 '건전한 기업시민(good corporate citizen)' 이어야 한다는 것이다.[38]

또한 기업의 사회적 책임 수행에 대한 긍정적인 시각에 대한 논리중의 하나는 사회적 책임을 수행하는 데 있어서 정부의 관료들보다는 기업의 경영자들이 더욱 더 능력이 있다는 것이다. 정부의 관료들은 세

---

35) Johnson, H. L.(1971), "Business in Contemporary Society: Framework and Issues," Belmont: Wadsworth.
36) Carroll, B. A.(1999), "Corporate Social Responsibility," *Business and Society*, 38(2), pp.268－295.
37) Drucker, P. F.(1984), "The New Meaning of Corporate Social Responsibility," *California Management Review*, 26, pp.53－63.
38) Carroll, B. A.(1991), "The Pyramid of Corporate Social Responsibility: Toward the Moral Management of Organizational Stakeholders," *Business Horizons*, 34, pp.39－48.

금을 걸고 예산을 세워서 미리 결정된 계획에 따라 수행하므로 제약이 많이 따르지만, 경영자는 자신의 재량에 따라 할 수 있는 부분이 비교적 자유롭고 많은 편에 속한다. 즉 기업의 경영자의 지시에 의한 사회적 책임의 수행은 실제로 구체화되기까지 의사결정단계나 소요시간이 정부의 관료들보다 적게 소요되어 비교적 신속한 사회적 책임활동 수행이 가능하다는 것이다.

하지만 사회적 책임의 긍정론자들도 경제적 성과가 기업의 일차적 책임이라는 점을 부정하지는 않는다. 최소한 자본비용을 보상할 수 있는 수준의 이익을 내지 못하는 기업은 역설적으로 사회적으로 무책임한 기업이라는 것이다.

하지만 이들은 경제적 성과가 기업의 유일한 책임은 아니라고 보는 것이다. 이는 오늘날 기업이 자본주의 체제하에서 이윤을 추구하면서도 사회적 역할을 다 해야 하는 제도적 존재가 되었음을 의미하는 것이기도 하다(Steiner, 1971; Carroll, 1979; Shaw and Post, 1993).

3. 기업의 사회적 책임에 대한 절충적인 견해

최근에 들어서는 기업의 '경제적 성과'와 '사회적 성과'를 따로 분리시키지 않고, 두 가지를 같이 다루어야 한다는 시각이 지배적이다. 따라서 기업이 사회에 대한 책임을 가지고 있다는 사실은 인정하되 그렇다면 어떻게 책임져야 하는가에 대한 논의를 활발히 진행하고 있다.

즉, 종업원이나 지역사회 같은 이해관계자의 요구에 충실하면서 동시에 주주들의 이익을 극대화시킬 수 있는 새로운 의미의 기업의 사회적 책임은 무엇인가에 대한 논의이다.

이 시각에 따르면, 장기적인 관점에서 볼 때 기업의 주주들에게 이익이 되는 것은 동시에 이해관계자들에게도 이익이 된다. 따라서 주주도 이해관계자에 포함되기 때문에 장기적인 관점에서 보면 이들 두 집단이 가지는 이해관계는 궁극적으로 하나로 수렴된다는 것이다.

따라서 기업의 목표는 이익 추구이지만 그것이 기존의 단기적인 이익추구와는 구별되는 장기적인 이익의 극대화에 초점을 맞추어야 한다는 것이다. 즉, 사회적으로 책임 있는 기업이 장기적으로는 주주에게도 더 많은 이익을 가져다준다는 것이다.

이러한 수렴론은 기업의 '사회적 투자(social investment)', 또는 '심층적 책임(meta-responsibility)'이라고 불리며, 기업의 자선활동은 이타주의적 시각이나 이익추구적 시각과 같은 일방적인 관점에서만 바라볼 수 없다는 주장이다. 이 시각에 따른다면 이익과 사회적 책임은 별개의 사안이 아닌 것이 된다.

제4절 기업의 사회적 책임 활성화 방안

기업은 경제적 합리성을 기반으로 존재하는 조직이다. 따라서 일시적이고 즉흥적인 사명감만으로는 사회적 책임을 지속적으로 실천하기가 매우 힘들다. 이러한 한계를 극복하기 위해서는 다음과 같은 요건들이 필요하다.

우선 사회적 책임 활동이 일시적인 유행이나 이미지 제고 차원에 그치지 않기 위해서는 기업의 사회적 책임 활동에 대한 비전과 가치를 명확히 할 필요가 있다.

다음으로 사회적 책임 활동을 인사, 마케팅, 제품개발 등 기존의 경영과정과 연결시켜 기업가치를 제고시키는 지혜가 필요하다. 사회적 책임 활동은 기존 투자자, 소비자, 임직원들의 충성심을 제고시킬 수 있을 뿐 아니라 사회적 책임 활동에 공감하는 잠재적인 소비자와 투자자를 발굴함으로써 기업가치의 제고에 기여할 수 있다.

또한 기업의 사회적 책임 활동은 최고경영층의 의지가 뒷받침되어야 한다. 최고경영자는 임직원 설문조사나 외부 인터뷰 등을 활용하여 사회적 책임 활동의 실천 효과를 구체적으로 확인하고 개선해 나가는 모습을 보여줄 필요가 있다. 더 나아가 최고경영자가 회사와 관련 있는 각종 사회단체의 이사회 등에 참여하여 전문역량을 발휘하는 방법도 고려해 볼 수 있다.

마지막으로 사회적 책임 활동이 보다 효과적으로 이루어지기 위해서는 세제 인센티브의 확대 등 정부의 제도적 지원과 더불어 사회 전체의 투명성을 확보하려는 노력이 전제되어야 한다. 사회가 투명해지지 않은 채 기업이 임직원들을 동원하는 이벤트성의 사회적 책임 활동은 결국 냉소적인 시각 속에서 좌초될 수밖에 없다. 사회 전체의 투명성이 결여된 국가에서 기업의 사회적 책임을 충실히 수행하는 일류 기업이 존재하기 힘든 이유가 바로 여기에 있다.[39]

다음에서는 위에서 언급되었던 사회적 책임 활동의 정착을 위한 방안들에 대해 좀 더 자세히 다루도록 한다.

기업에게 있어 사회로부터의 신뢰는 물질적으로 환산되기는 어렵지만 그 값어치를 따지기 힘든 눈에 보이지 않는 중요한 사회적 자본이다. 이러한 점에서 기업의 윤리경영과 사회공헌활동은 사회로부터의 신뢰를 획득하는 하나의 수단이 될 수 있다. 따라서 다음에서는 국내기업들이 사회적 책임활동을 성실히 수행하기 위해 필요한 여러 가지 활성화 방안에 대해 살펴보고자 한다.[40]

---

39) 최인철(2005), 앞의 논문, p.21.
40) 이상민, 최인철(2002), 앞의 논문, pp.61－49.

1. 전략으로서의 사회공헌활동 수행

1) 장기적인 이윤창출을 위한 사회적 투자로의 인식 전환

기업인들에게 기업의 사회공헌활동은 시혜적인 차원이 아니라 사회적 투자라는 인식의 전환이 필요하다. 기업은 사회적 투자를 통해 제반 이해관계자들에게서 강력하고 지속적인 신뢰를 창출하게 된다. 사회공헌활동은 이를 이루기 위한 중요한 하나의 수단이 될 수 있다. 그동안 국내 기업의 자선활동은 사회적 투자이기보다는 기업 소유주의 시혜적 측면이 강했다. 기업 소유주의 이미지 제고차원의 자선행위는 그 결과가 기업 전체가 아닌 소유주 개인에게 돌아가기 쉽다.

이는 일시적으로 기업 소유주의 이미지를 좋게 만들 수 있을지 몰라도 기업이 얻을 수 있는 장기적인 이익에까지는 그 영향이 미치지 못한다. 그보다는 기업이 사회를 구성하는 핵심 주체로서 사회통합의 밑거름을 제공한다는 측면에서 사회에 투자한다는 인식으로 전환되어야 하고 이러한 인식을 더욱 확고히 해야 할 것이다.

사회공헌을 위해서 지출되는 사회적 투자비용은 다른 사업분야와 마찬가지로 간주하여 효율적인 예산 집행이 이루어져야 할 것이다. 일부에서는 사회공헌활동의 순수성을 의식하여 사업 활동으로의 인식 전환을 꺼리는 경우도 있지만 감상적인 동기에서 출발하는 기업의 자선활동은 기업의 소유주가 바뀌거나 불황기의 경우 지속적이지 못하다는 점을 인식한다면 이제는 사회적 공헌활동을 사회적 투자로 재인식해야 할 것이다.

2) 기업가치 제고를 위한 윤리경영의 실천

윤리경영이 경영과정의 일부분으로 체화되기 위해서는 기업가치 제고에 기여하도록 활용하는 지혜가 필요하다. 즉, 윤리경영의 도입이 기업의 경영성과와 연결된다는 점을 부각시킴으로써 구성원들의 협력을 이끌어내는 선순환을 구축해야 한다. 이를 위해서는 윤리경영을 인사, 감사, 재무 등 경영과정과 연결시켜 임직원들의 직무 몰입도를 높이는 방안을 검토해 볼 수 있다.

실제로 미국기업을 대상으로 한 Walker Information社의 1999년 조사에 따르면 임직원들의 윤리의식수준이 높을수록 직무만족도가 높고 他회사로의 이직률도 낮은 것으로 나타나고 있다. 이는 윤리경영이 인력관리와 종업원 동기부여의 전략적인 수단으로 활용될 수 있음을 보여주는 예이다.

또한 거래기업과 공동으로 윤리경영 평가모델을 구축하고 이를 실제로 활용함으로써 상대기업과의 거래에 있어 발생할 수 있는 거래부정이나 돌발사태 등에 대비하는 것도 윤리경영의 가치 창조기능을 높이는 방안이 될 수 있다.

대부분의 기업들은 거래기업의 재무적인 정보에만 관심을 집중하고 있으나, 실제 큰 사고는 거래상대자의 비윤리적 행위에 기인하는 경우가 많기 때문이다. 이러한 의미에서 특정 기업의 윤리적 태도에 대한 정보는 협력업체 선정이나 대형 거래에 따르는 법률분쟁과 기회주의적 행위를 사전에 통제하는 수단이 될 수 있다.

이처럼 윤리경영의 가치창출 기능을 최대한 활용하기 위해서는 윤리경영을 기존의 감사기능이나 법무기능 등과 연결시키거나 인사 및 재무 등 다양한 부서의 담당자들로 구성된 위원회를 운영하여 정보를 공유하고 성과를 점검하는 노력이 필요하다.

2. 기업 내 사회공헌활동 촉진제도 개선 및 시스템 정비

1) 최고경영층의 의지

기업의 윤리경영과 사회공헌활동이 실효성 있게 운영되기 위해서는 최고경영층의 의지가 뒷받침되어야 한다. 대부분의 윤리경영과 사회공헌 프로그램들은 기업성과와의 관계가 애매하다는 이유 때문에 지속성을 갖기 어려웠다. 특히 사회공헌활동의 초기 단계에서 나타날 수 있는 기업내부의 거부감과 냉소주의 등 시행착오를 극복하기 위해서는 최고경영자의 의지가 무엇보다 중요하다.

이를 위해서는 이사회 내에 사회적책임위원회를 설치하거나 이사회에서 윤리담당원을 선임하는 방법 등이 좋은 대안이 될 수 있다. 그밖에 윤리담당임원의 이사회보고 의무와 조사 권한을 명기하고 공표함으로써 윤리전담조직의 정보접근 및 부서 간 협조를 보장해 주는 방안 등을 함께 고려할 수 있을 것이다. 또한 사회공헌활동을 기업의 최고경영진과 사회적책임위원회가 함께 관리·감독함으로써 일회성 기부나 경영진의 사적인 유대에 의한 과도한 협찬性 기부를 통제해야 할 것이다.

한편, 기업 사회공헌활동의 활성화를 위해서 최고경영진들은 자신의 기업이 지원하는 NGO의 이사회에 자발적으로 참여하여 무보수로 자신들의 경영 노하우를 전수하는 방법을 고려할 필요가 있다. 이는 경영진들이 가지고 있는 지적재산을 큰 어려움 없이 사회에 베푸는 방법의 하나이다. 현재 일부 기업에서 하위급 직원들의 사회봉사를 격려하고는 있지만 정작 전문지식을 갖춘 경영진들의 경영 노하우가 NGO의 운영에 보탬이 되고 있지 못하는 상황이다.

더불어 최고경영진들은 사회공헌 전담부서에 대한 지속적인 관심과 애정을 가져야 한다. 즉, 사회공헌부서가 단순히 돈을 쓰기만 하는 곳이 아니라 회사의 장래 이익을 위해 또는 기업의 가치를 재창출하기 위해 반드시 필요하다는 인식을 기업의 최고경영자 자신이 가져야 할 것이다.

2) 기업내부의 제도적 지원 확대

일반적으로 소규모 기업들의 자선활동은 임기응변 식으로 이루어지는 경우가 많다. 이 경우 지원의 우선순위를 정하고 수혜자를 선택하는데 있어 체계화된 규정과 절차가 드물기 마련이다. 하지만, 대기업의 경우 기업자선을 전문적으로 담당하는 부서를 설치할 여력이 있기 때문에 체계적인 지원활동을 펼칠 수 있다.

따라서 사회공헌활동의 촉진을 위해서는 기업 내부에 자선활동과 관련된 통합시스템을 구축해야 한다. 이러한 기업 내 통합시스템은 사회공헌활동의 준비과정부터 실행, 사후 검토에 이르기까지 일관된 시스템 하에서 지원 계획을 실행에 옮길 수 있게 해주는 역할을 한다.

이를 위해서 먼저 사회공헌활동에 관한 기본방침을 경영방침 등에 명문화하고, 기업자선 관련부서를 신설하여 지원활동을 공식적이면서 체계적으로 관리하고 지원의 기준과 수준, 그리고 절차 등을 문서화해야 한다.

그리고 사회공헌 부서들은 기업의 전략적 자선활동을 기획하고 실행하는 역할을 맡고 이들 부서에 속한 전문가들은 지원할 비영리조직을 사전 분석하여 최종 선정하는 역할을 담당하게 된다. 또한 지원 후 기부금의 사용 내역을 검토하여 선심성 협찬을 제한하고 예산의 효율적 집행을 가능하게 해야 한다.

한편, 현재 국내기업들의 경우 회사 내에 기부나 자선활동을 촉진하는 다양한 제도들을 갖추고 있지 않다. 기업 내 사회공헌활동의 촉진제도의 활성화가 직원들의 사기와 조직에 대한 충성도를 높인다는 연구결과를 고려할 때 다양한 제도적 지원 프로그램을 운영할 필요가 있다.

3) 윤리경영시스템의 구축

이제 국내기업들은 기업의 이미지 개선을 위해 윤리강령을 제정하는 차원을 넘어 교육, 내부 제보, 평가 등을 일관되고 지속적으로 실행할 수 있는 실천시스템을 구비해야 한다. 윤리경영은 여유 있는 기업이 추진하는 선택사항이 아니라 21세기 기업의 생존을 위한 필수조건으로 변화하고 있다. 이해관계자들의 신뢰를 얻지 못하는 기업은 소송에 따르는 재무적 손실은 물론 단 한 번의 실수로 존폐의 기로에 설 수도 있는 것이다.

윤리경영시스템의 세계표준화 역시 국제거래가 빈번한 기업들이 하루빨리 대응해야 할 새로운 과제이다. 특히 국내에서는 법과 제도가 경영환경의 변화를 신속히 반영하지 못하는 반면, 국민들의 기업에 대한 기대수준은 매우 높기 때문에 불법이 아니면서도 국민정서와 상충하는 애매한 사례들이 다수 발생하고 있는 실정이다.

이는 곧 중요한 의사 결정시 법규뿐만 아니라 소비자와 국민들의 사회적인 정서까지 고려해야만 경영목표달성이 가능함을 의미한다. 이를 위해서는 일상적으로 부딪히는 윤리적 딜레마에 대해 기업의 전 구성원들이 취해야 할 원칙을 공유하는 체계적인 교육 및 평가시스템이 필요함을 의미한다.

3. 사회적 네트워크 구축

1) 이해관계자들과의 파트너십 구축

기업의 사회공헌활동은 하나의 과정으로 바라보아야 한다. 그동안 국내의 자선활동은 정부, 기업, NGO, 지방자치단체가 개별적으로 사업을 벌여온 사례가 많았다. 21세기는 네트워크의 시대라고 불린다. 사회 각 주체들이 자선활동에 임함에 있어 수평적으로 느슨하게 연결된 네트워크를 구축하여 자선에 들어가는 비용의 효율적 배당과 집행을 견인할 수 있는 계기를 마련해야 한다.

이러한 네트워크를 구축하고 운영하는 과정에서 사회의 각 주체들 간의 불신이 증폭될 수 있지만, 반대로 그들 간의 신뢰관계가 형성되는 출발점이 될 수 있다. 기업의 입장에서 사회의 각 주체들 간의 신뢰관계 형성은 곧 기업의 사회적 책임을 완수하는데 있어 가장 근본적인 밑바탕이 된다는 점에서 이들과의 파트너십 구축을 고려할 필요가 있는 것이다.

2) NGO의 질적 향상 지원

기업의 사회공헌활동이 장기적으로 활성화되기 위해서는 상대역인 NGO에서 조직 자체의 수준에 걸 맞는 질적인 향상이 필요하다. 급변하는 환경에 맞추어 민간기업 부문은 나날이 그 수준을 업그레이드하고 있는 반면, 대부분의 국내 NGO들은 열악한 재정상황으로 인해 활동인력의 재교육과 연수 프로그램 등에 엄두를 내지 못하고 있다. 따라서 기업부문이 기부하는 금액의 일정부분을 이들 NGO 활동가들의 해외연수나 재교육 프로그램 이수에 사용하는 것이 하나의 방안이 될 수도 있을 것이다.

4. 정부·사회로부터의 지원확대

경쟁력을 확보하고 윤리경영과 사회공헌활동을 선도해나가는 기업들에게는 사회로부터의 격려가 필요하다. 기업의 윤리경영과 사회공헌활동의 지속성을 기업인의 건전한 마인드에만 의존할 수는 없기 때문이다. 그보다는 기업이 윤리경영과 사회공헌활동에 적극적으로 참여할 수 있는 제도적 환경을 조성해야 한다.

여건 조성을 위해서 윤리경영과 사회공헌활동에 적극적으로 참여하는 기업들에게 세제혜택과 같은 금전적 인센티브의 수준을 높이고 더불어 언론을 통한 사회적 격려가 요청된다.

1) 보상제도의 확대

이윤 추구를 기본 목표로 하는 기업에게 아무런 보상 없이 사회공헌활동을 요구하는 것은 정서적으로는 가능하지만 현실적인 문제에 부딪치기 쉽다. 인센티브가 없는 기업의 사회공헌활동은 일회성으로 그치기 쉽다.

기업의 사회공헌활동은 기업이 기부를 얼마를 했는가 보다는 얼마나 지속적으로 관심을 가지고 활동을 해왔는가가 중요하기 때문이다. 선진국에서 기업들의 사회공헌활동이 큰 변화 없이 일관되게 유지될 수 있었던 이유는 사회공헌활동을 촉진시키는 제도적 인센티브가 갖추어져 있기 때문이다.

제도적 인센티브 중에서도 세제혜택은 가장 시급하면서도 기업의 사회공헌활동을 활성화 하는데 있어서 효과가 큰 문제이다. 현재 국내 공익단체에 대한 기부금에 세제혜택을 주는 금액은 개인의 경우 소득의 10%, 법인은 5%에 지나지 않는다. 반면, 미국은 개인이 50%, 기업이 10%에 달하고 일본은 개인과 법인 모두 25%이다. 따라서 민간 기업들의 기부금을 늘리기 위해서는 정부의 세법 개정을 통해 공익활동에 대한 기부금을 선진국 수준으로 상향조정해야 한다.

한편, 기업 내에 윤리경영이 정착되기 위해서는 사회 전반의 투명성이 보장되어야 한다. 특히, 자의성이 높은 정부규제가 지속되는 경영환경에서는 불가피하게 비윤리적인 경영행태가 나타날 가능성이 높다. 비윤리적인 기업행위가 경쟁우위를 가지는 현실이 지속될 경우 기업들에게 윤리적인 의사결정을 기대하기는 어렵다. 또한 사회 전체가 투명해지지 않은 상황에서 기업들이 자사 직원들에게만 비현실적인 윤리규정의 준수를 강요할 경우 오히려 직원들의 스트레스만 가중시키고 윤리경영의 실천은 좌초될 수밖에 없다.

따라서, 사회 각 분야의 투명성을 높여 나가면서 윤리경영을 실천하는 기업이 최소한 불이익을 당하지 않도록 게임의 규칙을 범사회적 측면에서 정비할 필요가 있다.

2) 사회의 적극적인 관심과 지지

세제혜택이 기업의 기부행위를 금전적으로 보상하는 측면이 있는 반면, 언론을 포함한 사회의 적극적인 관심은 기업의 기부행위를 사회적으로 보상하는 측면이 있다. 기업도 사람과 같이 살아 숨 쉬는 생명체로 인식한다면 사회로부터의 칭찬을 마다할 기업은 없을 것이다. 이를 통해 한 기업의 이미지가 향상된다면 다른 기업들도 뒤따를 것이다.

이러한 측면에서 언론은 기업의 사회공헌활동을 지금보다 더욱 비중 있게 다루어야 한다. 이를 위해 사회적으로 책임 있는 활동을 해온 기업들을 표창하여 발표하는 유인책의 활성화가 요망되며 언론은 이에 꾸준한 관심을 가지고 홍보해 주는 방법도 고려할 필요가 있다.

제 2 장

기업의 사회적 책임의 역사적
변천과정 및 현황

기업의 사회적 책임은 기업을 둘러싸고 있는 제도와 문화, 그리고 역사에 의해서도 다르게 해석될 수 있다. 따라서 국가마다 의미하는 기업의 사회적 책임에는 분명한 차이점이 존재한다. 이번 장에서는 기업의 사회적 책임의 출현배경 및 역사적 변천과정에 대해 살펴보고 국가별로 사회적 책임의 실천 현황에 대해 알아보도록 한다.

제1절 기업의 사회적 책임 출현배경 및 역사적 변천과정

1. 기업의 사회적 책임 출현배경

기업의 사회적 책임이라는 개념은 선진공업국, 특히 20세기에 들어와 세계경제를 주도했던 미국을 배경으로 대두하게 되었다. 물론 미국보다 산업화의 역사가 앞섰던 영국을 중심으로 한 유럽에서도 사회적 책임과 유사한 개념이 제시되기도 하였다. 그러나 본격적으로 사회적 책임이라는 개념이 체계화되고 발전하게 된 것은 거대기업화의 사회·경제적 영향을 일찍부터 경험한 미국에서부터였다.

현재 만연되어 있는 기업의 사회적 책임에 대한 개념은 먼저 전통적·경제적 모델이 형성된 뒤에 등장하였다. 애덤 스미스(A. Smith)의 '보이지 않는 손(invisible hand)'의 개념이 출발점이었는데, 그것은 기업이 단지 수요에 반응하기만 하면 사회는 원하는 바를 얻을 것이라고 보는 견해였다.

그런데 어떤 재화와 용역이 생산되어야 하는지를 결정하는 데 있어서는 시장기구가 합리적이지만 기업이 항상 공정하고 윤리적으로 행동하지 않는다는 문제점이 나타났다.

20세기 초반에만 하더라도 미국기업들은 매우 크고 강력했으며 이러한 힘을 이용하여 트러스트(trust)나 카르텔(cartel)을 통해 자유로운 경쟁을 부당하게 제한함으로써 사회적 비난의 대상이 되었다. 여기에 복지국가 자본주의의 개념이 등장함으로써 정부역할이 기존에 비해 크게 확대되어 반독점법이나 다른 정부의 규제들을 통해서 기업의 힘을 억제하기 위한 노력들이 기울여졌다.

그러나 기업의 사회적 책임이 더욱 본격적으로 사회에서 유의성을 지니기 시작한 것은 사회 환경 및 사회가치의 현저한 변화가 일기 시작한 1960년대 베트남 전쟁 이후라 할 수 있을 것이다.

물론 그 이전에도 몇몇 선견지명이 있는 기업가들이 기업의 힘과 영향력을 단지 이윤을 극대화시키는 데에만 사용하지 말고 보다 넓은 사회적 목적을 위해서 활용하라고 충고하기도 하였다. 이러한 생각들이 점점 더 많은 사회일반인들과 기업인들에게 받아들여지기 시작하였으며, 결국은 기업의 사회적 책임이라는 개념으로 발전하게 된 것이다.

학문적으로도 기업의 사회적 책임은 앞에서 기술했던 바와 같이 1953년 보웬의 "기업가의 사회적 책임"이라는 책이 출간된 이후 본격적인 논의가 이루어졌다. 또한 한국에서도 사회적 책임론은 1980년대 중반 이후 학술적으로나 사회적으로 관심이 높아지기 시작했다.

즉, 주로 재벌기업의 부정적인 사회적 영향력에 대한 학계와 언론계, 관련 이해관계자들의 비난여론의 초점이 되면서 재벌기업들이 더욱 책임 있고 성숙한 기업행동을 보여주어야 한다는 사회적 기대가 확산되기 시작하고부터 기업에 대한 사회적 책임에 대한 요구가 커지게 된 것이다.

기업의 사회적 책임론의 대두로 기업과 사회 간 상호관계의 양상은 크게 변화하게 되었다. 즉, 과거의 경제적 측면에서의 기업과 사회 간 상호관계에 주로 초점을 두었던 것이 확장되어, 사회적 측면에서의 상호관계까지 포함하게 된 것이다.

이것은 기업과 사회 간에 형성되는 사회적 계약 관계의 변화를 의미한다. 여기서 사회적 계약의 개념은 다음과 같은 중요한 의미를 내포하게 된다. 그 하나는 기업이라는 제도는 어떤 의미에서든 사회의 이익을 증진시키기 위해 존재한다는 것이다. 다른 하나는 사회적 계약의 내용은 시대에 따라 변천하므로 기업과 사회 사이에 형성할 수 있는 바람직한 관계유형도 시대에 따라 변화하게 된다는 것이다.

기업과 사회와의 관계를 하나의 계약관계라는 관점에서 보면 과거와 현재 사이에는 확실한 차이가 나타난다. 과거 자유시장경제로 특징지어질 수 있었던 초기 기업과 사회 간의 계약관계에서는 경제성장이 사회적인 모든 진보의 원천이며 사회성장의 추진력은 서로 경쟁하는 사적 기업의 이윤동기라고 생각되어 왔다.

따라서 과거의 계약에 의하면 기업은 재화 및 서비스의 생산이라고 하는 기본적인 경제적 사명을 가지고 그에 따라 경제적 기능을 수행하기만 하면 되었으며, 그렇게 하는 것이 사회에 대한 최대의 공헌이었다.

그러나 자본주의가 고도화되고 사회가 다원화됨에 따라 사적이익의 극대화가 곧 공공이익의 극대화가 된다는 믿음이 도전을 받게 되었고, 이는 기업과 사회 간의 새로운 계약관계를 출현시켰다. 새로운 계약은 경제성장이 오히려 사회의 특정 부문 또는 전체사회에 사회적 비용을 전가시키는 부작용을 낳을 수 있다는 견해에 근거하고 있다.

즉, 경제성장과 사적이익의 증대가 반드시 사회의 복지수준의 증대를 의미하지는 않는다는 것이다. 그것은 많은 경우에 물리적 환경의 오염과 훼손, 사회의 특정집단의 피해와 위험, 불평등 분배와 상대적 빈곤, 도시의 범죄와 부패 등 여러 가지 사회적 병폐를 야기할 수 있다는 것이다.

따라서 기업과 사회의 새로운 사회적 계약은 기업의 이러한 사회적 비용들을 경감시키려는 노력들을 포함하고 있다. 새로운 계약은 과거의 계약을 무효화시키는 것이 아니고 그 토대 위에 사회전체적인 관점에서의 새로운 항목 또는 내용이 추가되어 형성된다. 그러므로 새로운 계약은 기업의 경제적·사회적 산출 모두에 대한 책임을 포함하고 있는 것이며, 이는 곧 기업의 사회적 책임의 개념과 연결된다.

2. 기업의 사회적 책임의 역사적 변천과정

기업의 사회적 책임에 대한 논의가 시작된 1930년대부터 1960년대 이전까지의 기간에서는, 기업의 역할은 경제적 부가가치의 창출이라는 주장이 대세였다.

경제학자 프리드만은 '기업의 유일한 책임은 경제적 이익을 내는 것이다'라고 이야기한 바 있고, 1930년대 미국의 대법원은 주주의 이익 보호를 위해 사회에 대한 기부를 금하는 판결을 내리기도 했었다. 그러나 기업의 영향력이 점차 커짐에 따라 기업에 대한 사회적 요구도 커지기 시작했는데, 공정한 거래와 납세의 정확한 이행, 환경에 대한 고려 등 이윤 추구를 위한 과정에서의 법적·윤리적인 책임을 강조하게 된 것이 그 결과였다. 최근에는 사회적 분위기도 기업의 환경적인 책임과 더불어 기업의 자선적인 역할과 책임을 서서히 강조하는 분위기로 변화되고 있다.41)

---

41) 정용수(2005), 앞의 보고서, p.3.

이렇듯 물질적으로 풍요로워지고 교육수준이 향상되면서 사람들은 더 이상 경제적 이익만을 추구하고자 하는 기업에 대해 절대적인 호의를 나타내지 않게 되었다. 기업환경이 변하고 복잡·다양화되는 오늘날 기업의 전통적인 기능인 기본적인 경제적 기능만 다하면 된다고 하는 사고방식은 이제 더 이상 지배적이지 않기 때문이다.

기업 본래의 기능은 재화와 서비스의 생산이라고 하는 경제적 기능인데, 기업이 이러한 경제적 활동에 참여하는 동기는 이윤추구 때문이다. 그러나 기업은 이러한 이윤추구의 동기에 충실한 일만 하면 되며 여타의 기능 같은 것은 할 필요가 없다고 보는 시대는 지났다.

'기업은 대차대조표뿐만 아니라 사회적 책임감에 있어서도 관리를 해야 한다'라는 말이 있듯이, 기업은 경제적 기능을 다하는 것 외에 사회적 사명을 다하여야 한다는 생각들이 등장하기 시작했고, 이것이 바로 기업의 사회적 책임이라는 것이다.

이후 1960년대 초반 기업의 사회적 책임을 강조하는 기류에 반발하여 '기업 윤리'의 개념이 등장하였다. 기업윤리는 기업의 의사결정에 있어서 기업이나 조직, 개인의 도덕적·윤리적 사고가 무엇보다 중요시된다. 그러므로 기업경영에 있어서 경영자나 종업원들의 행동이나 태도의 옳고 그름을 가늠하여 바람직한 방향으로 나아가게 하는 규범의 성격이 강하다.

즉 기업윤리는 기업이 사회적 책임을 수행하는데 있어서 기업경영과 관련 없는 분야까지 관심을 갖게 된다. 이러한 기업윤리는 종업원 윤리와 경영자 윤리가 모두 포함되나 최근에는 경영자 윤리가 더욱 중요시되고 있는 상황이다.

유럽 기업의 경우 기업의 사회적 책임을 강조하는 신뢰경영이 중심을 이루는 반면, 미국 기업은 투자자의 이익을 보장하기 위해 투명한 경영방식이나 회계제도, 기업의 기부행위 등을 강조하는 기업윤리가 중심이 되고 있다. 특히, 정치·사회적으로 좌파의 영향력이 강하고 노동자들의 영향력이 중요시되는 유럽에서는 2차 세계대전 이후 꾸준히 기업의 사회책임에 대한 사회적 논쟁이 진행되고 있다.

즉 유럽에서는 기업, 노동자, 투자자, 정부, 사회단체 등 기업의 모든 이해관계자를 동등하게 중시하는 기업윤리 문화가 형성되어 왔던 것이다.

그러나 사회적 책임과 기업윤리 사이의 경계가 모호해짐에 따라 1970년대에 이르러 사회적 반응의 개념이 등장하게 되고 기업윤리와 사회적 책임이 각각 개별적이 아닌 통합적인 개념에서 사용하게 되었다.

제2절 국가별 사회적 책임에 대한 논의과정 및 실천현황

기업의 사회적 책임은 기업을 둘러싸고 있는 제도와 문화, 그리고 역사에 의해서도 다르게 해석될 수 있다. 따라서 미국이나 일본에서 의미하는 기업의 사회적 책임과 국내에서 의미하는 사회적 책임에는 분명한 차이점이 존재한다. 특히, 미국에서 기업의 사회적 책임 문제가 중요시 되어온 배경에는 주주가 기업경영에 절대적인 권한을 행사하는 주주중심 자본주의(shareholder capitalism)가 밑바탕에 깔려있다.

주주중심 자본주의하에서는 기업의 사회적 성과에 대해 전문경영인과 주주사이에 책임의 소재가 명확하다. 따라서 기업과 경영인이 사회에 대해 어떠한 책임을 가져야 하는가의 문제가 중요시되게 된다.

반면에 유럽이나 일본의 경우 주주의 권한이 상대적으로 미흡하며 종업원들이 경영에 참여하는 형태의 이해관계자 자본주의(stakeholder capitalism)가 발달하여 왔다. 여기서는 기업경영에 전문경영인과 더불어 많은 이해관계자들이 연관되어 있기 때문에 기업의 사회적 책임에 대한 논의가 미국에 비해 상대적으로 덜 발달할 수밖에 없었다.[42]

다음에서는 이를 토대로 미국과 일본, 유럽국가들, 그리고 한국에서

---

42) 이상민, 최인철(2002), 앞의 보고서, p.8.

의 사회적 책임에 대한 역사적인 발달과정과 기업의 사회적 책임의 실
천 현황을 자세히 살펴보도록 한다.

1. 미 국[43)]

20세기 초 미국 사회에는 거대 기업군이 등장하게 된다. 이들 거대
기업은 독과점과 카르텔을 통해 시장을 지배하기 시작하였고 더불어
이들이 미국 사회 전체에 행사하는 영향력은 경제적인 영역을 넘어서
사회적·정치적으로 증대되었다.

하지만 이들은 그들이 가진 거대한 영향력에도 불구하고 이에 걸 맞
는 책임 있는 행동을 하지 못한 경우가 많이 발생하였고, 종종 사회적
규범은 물론 법률적 기준조차 위반하는 비윤리적인 기업의 행태가 나
타나기도 하였다.

이에 대한 반성을 바탕으로 1950년대 들어 '기업의 사회적 책임(corporate
social responsibility)'이라는 개념이 태동한다. 미국에서 기업의 사회적 책
임에 대한 논의는 시기별로 다음과 같은 발전과정을 경험하였다.

〈표 4〉 미국 기업의 사회적 책임 개념의 발전과정

시 기	배 경	사회적 책임 개념의 특징
1950년대 이전	- 영국법의 영향 - RS의 법령 개정(1935)	- 직접적 이익의 원칙 - 엄격한 법률 적용 / 제한적 기업자선
1950 - 60년대	- A.P 스미스社 對 바로우 소송 - 회사법의 기업자선 인정	- 집합적 이익의 원칙 - 사회 - 경제적 복지의 개념 태동
1970년대	- 주주이익 對 이해관계자 이익 논쟁 - 경제발전위원회(CED) 보고서	- 개발된 자기이익 - 대중의 동의를 바탕으로 한 기업 활동
1980 - 90년대	- 시장에서의 경쟁 심화 - 이전의 충분한 정의 규정 바탕	- 이윤추구와 양립 가능한 사회적 책임 - 실증적 연구 / 대안 모색

자료: Carroll(1999)에서 재구성

---

43) 이상민, 최인철(2002), 앞의 보고서, pp.9 - 16.

1) 1950년대 이전: 기업자선 금지의 시대

미국은 경제발전 초기에 기업의 경영자들이 주주들에게 직접적 이익을 가져다주지 않는 기부행위를 법으로 금하였다. 경영자들이 기업헌장에 직접적으로 명시되어 있지 않는 사안에 대해 회사의 기금을 제공하는 것 또한 금지되어 있었던 것이다.[44]

실제로 1881년 메사츠세츠 대법원은 철도회사와 지역 음악악기 회사가 지역 철도변에서 개최 예정이던 음악회에 대한 협찬을 불허했다. 분명히 두 회사가 음악회에 참여함으로써 얻을 수 있는 이익이 있음에도 불구하고 두 회사의 기업헌장에는 이들의 참여를 허가하는 내용이 없었기 때문이다.

또한, 1934년 '올드 미션 포틀랜드 시멘트' 對 '헬버링' 간의 소송에서 미 대법원은 회사에 직접적인 이익을 기대할 수 없다는 이유로 샌프란시스코 공동 모금회에 대한 기부를 금지하였다. 이처럼 주주에 대한 직접적 이익을 강조하는 시각은 1950년대 이전까지 지속되었다.[45]

기업 자선에 대한 제한적 시각이 주류를 이루었던 원인은 미국법이 영국 법에 기초를 두고 있었기 때문이다. 당시 영국에서 기업 자선이란 가난한 사람을 도우려는 인간적 노력이 아니라, 회사에서 은퇴하는 이사들에게 제공되는 선물을 의미했다. 영국에서는 기업 기부를 통해 이익을 낼 경우 세금 혜택을 받게 된 것도 1980년대에 와서야 가능했을 정도로 기업 자선에 대한 인식이 제한적이었다.[46]

미국의 기업 기부는 1921년 국세청(Internal Revenue Service)이 기부행위가 회사 종업원의 요구에 부응한다면 기업에게 세금혜택을 줄 수

---

44) Himmelstein, J. L.(1997), "Looking Good and Doing Good: Corporate Philanthropy and Corporate Power," Bloomington: Indiana University Press.
45) Schwartz, J.(1996), "Corporate Philanthropy Today: From A. P. Smith to Adam Smith," NCPCR Working Paper.
46) Cowton, C. J.(1987), "Corporate Philanthropy in the United Kingdom," *Journal of Business Ethics*, 6, pp.553-558.

있게 법령을 개정함으로써 새로운 전환점을 맞는다. 국세청은 이어 1935년부터 기업이 자선단체에 기부할 경우 기업소득의 5%까지 세금 공제를 받을 수 있도록 혜택을 확대하였다.

2) 1950 - 1960년대: 기업자선 개막의 시대

1950년대는 현대적 의미에서 기업의 사회적 책임에 대한 논의가 시작되는 시기이며, 1953년에 출간된 보웬의 저서 'Social Responsibility of the Businessman'의 출간이 그 시발점이 되었다. 그는 이 책에서 "사회가 기업인들에게 기대하는 책임이란 무엇인가?"라고 묻고 기업인의 사회적 책임에 대해 다음과 같이 정의를 내린다.

"사회적 책임은 우리 사회의 목표와 가치에 부합되는 정책들과 의사결정에 따라야 하는 기업인의 의무이다." 보웬은 이 책에서 1946년 포춘지에 실린 기업인의 사회적 의식(social consciousness)을 인용하면서 기업인들은 이익과 손실이라는 명제보다 더 폭넓은 차원에서 그들의 행동에 대한 결과에 책임져야 한다고 주장하였다.

이러한 배경 하에서 미국에서 기업 자선을 법적으로 인정한 최초의 판결인 1952년 'A.P. 스미스社' 對 '바로우'간의 소송이 발생하였다.

이 사건은 재봉틀 회사인 스미스社가 프린스턴 대학에 1,500불의 기부금을 낸데 대해 바로우 라는 주주가 무효소송을 제기하였고, 뉴저지 법원은 기부행위가 기업의 직접적인 이익과 무관하지만 사회적 책임의 범주로 인정한다고 판결하였다.

이 사건을 계기로 미국의 기업 자선은 법적으로 인정받아 전국적으로 확산되기 시작하였고 이후 미 회사법은 기업 자선을 대폭 허용하는 방향으로 개정되어 왔다.

A.P. 스미스社 소송은 기업 자선의 원칙이 그 동안의 '직접적 이익의 원칙'에서 기업 '전체로서의 이익의 원칙' 또는 공리주의(utilitarianism)로 전환함을 의미했다. 이는 비영리조직의 번성이 미국의 민주주의 발전에

핵심적인 역할을 한다는 믿음을 바탕으로 가능했다.

따라서 사회문제의 해결은 기업의 전체적인 이익에 부합되기 때문에 기업은 이러한 문제를 해결하는데 앞장서는 비영리조직을 지원해야 한다는 것이다. 이 시기부터 미국 기업은 사회와 분리되는 것 보다 건전하게 발전하는 사회 속에서 번성하는 것이 유리하다는 인식을 하기 시작하였다.

한편, 1960년대에 들어서 기업의 사회적 책임의 의미는 보다 공식화되고 정교해진다. 데이비스(Davis)[47]는 기업의 사회적 책임을 "기업인들이 눈앞의 경제적, 기술적인 이익을 넘어서 취해지는 결정과 행동"으로 정의하고 일련의 사회적으로 책임 있는 사업들에 참여하는 것은 장기적인 관점에서 회사의 이득을 가져다주는 만큼 정당화된다고 주장하였다.

또한, 맥과이어(McGuire)는 그의 저서 'Business and Society'(1963)에서 기업은 경제적·법적 의무의 차원을 넘어서 사회에 대해 책임을 가지고 있다고 주장하였다. 그는 기업윤리와 기업시민의 개념을 시사하면서 마치 모범적인 시민들이 그러하듯이 기업인도 '바르게(justly)' 행동해야 한다고 주장하였다.

3) 1970년대: 사회적 책임 논의의 확산

1970년대는 기업의 사회공헌 활동과 지역사회와의 관계에 대한 논의가 본격화되는 등 기업의 사회적 책임에 대한 논의가 가장 활발하게 이루어진 시기이다.

이 시기에 논의된 기업의 역할은 과거의 논의와는 분명히 구분된다. 즉, 1960년대의 경우 프리드만(Friedman, 1962)과 같은 경제학자들은 기업이 사회적 책임에 관심을 갖기보다는 주주들에게 더 많은 경제적

---

47) Davis, K.(1960), "Can Business Afford to Ignore Social Responsibilities?," *California Management Review*, 2, pp.70－76.

이익을 줄 수 있도록 이윤추구활동에 전념해야 한다는 입장이었다. 하지만 1970년대에 들어서서 논의의 주류는 기업이 단순히 경제적 이익을 창출하는 것 이상의 책임을 가지고 있다는 방향으로 전환된다.

1971년 미국 경제발전위원회(Committee for Economic Development)는 기업의 활동은 대중의 동의를 바탕으로 수행 가능하며 이의 근본 목적은 사회의 요구를 건설적으로 수용하여 수행하는데 있다고 지적하였다.

힐드(Heald)[48]는 기업인 스스로가 규정하고 경험하는 사회적 책임을 거론하면서 기업인이 가지는 사회적 책임은 그들과 연관된 실제 전략 내에서 실현되어야 한다고 주장하였다.

존슨(Johnson)[49]은 사회적으로 책임 있는 기업은 경영진이 이윤추구에 있어 균형적인 시각을 가지고 주주들의 이익만이 아닌 종업원, 하청업자, 판매원, 지역사회, 그리고 국가의 이익을 생각한다고 주장하였다. 그는 이를 '관습적 지혜(conventional wisdom)'라고 불렀다.

또한, 스테이너(Steiner)는 기업의 사회적 책임이 단기적인 자기이익 추구와 구분되는 '개발된 자기이익(enlightened self-interest)'과 사회적 이익을 추구하는 철학이라고 주장한다.

1970년대에는 기업의 사회적 책임이 모든 기업에게 동일한 의미로 받아들여지는 것은 아니라는 시각이 확산되었다. 즉, 어떤 사람에게는 법적 책임을 의미할 수 있고, 다른 사람에게는 윤리적인 문제에 대해 사회적으로 책임 있는 행동을 수행하는 것이 될 수 있다.

따라서 이 시기에 기업의 사회적 책임은 기업의 사회적 성과와 사회적 반응, 또는 공적 책임 등의 개념과 함께 사용되었다.

---

48) Heald, M. C.(1970), "The Social Responsibilities of Business: Company and Community, 1900-1960", Cleveland: Case Western Reserve University Press.
49) Tohnson, H. L.(1971), 『Business in Contemporary Society: Framework and Issues』, Belmont: Wadsworth.

4) 1980년대 이후: 사회적 책임의 수행 방법과 대안 모색

1980년대 이후 현재까지 기업의 사회적 책임에 대한 논의는 새로운 국면을 맞이하게 된다. 즉, 이전 시기에 비해 정의나 개념규정에 대한 논의는 줄어들고, 대신에 실증적 연구와 대안 모색과 같은 보다 구체화된 작업이 주류를 이루게 된다.

존스(Jones)[50]는 기업의 사회적 책임을 과정으로 보았다. 즉, 무엇이 사회적으로 책임 있는 행동인가에 대한 합의에 이르기 어렵기 때문에 기업의 사회적 책임은 일련의 결과물이 아닌 하나의 과정으로 이해해야 한다는 것이다.

또한 드러커(Drucker)는 기업의 이윤 추구와 사회적 책임은 양립 가능하다고 보았다. 즉, 기업은 그들이 가지는 사회적 책임을 사업 기회라는 새로운 발상으로 전환해야 한다는 것이다. 그는 "적절한 기업의 사회적 책임이란 용을 길들이는 것과 같다. 즉, 골치 아픈 사회문제를 경제적 기회와 혜택, 생산적 능력, 인간의 역량, 高연봉 직종, 그리고 富 등으로 전환시키는 것이다"라고 주장하였다.

위에서 살펴본 바와 같이 전통적으로 윤리경영과 투명회계를 강조해 온 미국은 2001년 엔론, 월드컴 등의 대형 회계 부정사건 이후 기업윤리 및 기업의 사회적 책임 관련 법규를 강화하는 추세에 있다.

또한 1991년(2004년 개정) 연방판결가이드라인(Federal sentencing Guideline) 제정 이후 기업들의 윤리경영에 대한 관심이 고조되었었다.

미국은 윤리임원협의회(EOA)의 건의로 CSR에 대한 ISO의 표준화 작업에 대한 계기를 마련하였으며, 사회적 책임투자(SRI: Social Responsibility Investment) 부분에 있어 영국과 함께 가장 활성화 되어 있는 나라 중의 하나이다.[51]

---

50) Jones, T. M.(1980), "Corporate Social Responsibility Revisited, Redefined", California Management Review, pp.59-67
51) 사회적 책임 투자(Socially Responsible Investment)란 도덕적인 기업, 투명한 기업,

2. 일 본

미국이 기업자선 활동의 오랜 역사를 가지고 있는 반면, 일본에서는 일본형 기업시스템에 대한 구조적인 비판이 제기되고 기업의 해외진출이 본격화된 1980년대 중·후반에 이르러서야 비로소 그 중요성이 강조되기 시작하였다. 따라서 한국처럼 대기업 중심 사회인 일본도 수차례의 기업비판이 야기되면서 기업의 사회적 책임의식이 성숙되었다.

〈표 5〉일본기업의 자선활동 배경과 역사

시 기	배 경	사회공헌 활동의 특징
1930년대	-금융공황으로 실업자 급증, 물가상승 -우익, 군국주의 심화 ●미쓰이 지배인 단타쿠마 암살	-개인재산 기부로 재단 설립 -재단운용수입으로 사회사업 및 의료 활동 전개
1970년대	-공해문제 심각, 제품결함 사례 빈발 -제1차 석유위기	-법인재단 설립 -의료, 교육, 문화사업 등 영역 확대
1980년대	-회사형 인간에 대한 비판 -초국적 기업화	-기업 내 사회공헌 부서 설치 -해외에서의 지역공헌활동 강화
1990년대	-국제사회의 비판 -금융기관의 부정사건 -개인적 삶의 중요성 재인식	-회사원들의 자원 활동 조직 활성화 -비영리조직과의 연계 강화

주: 이상민, 최인철(2002), "재인식되는 기업의 책임"에서 인용.

1) 1980년대 이전: 제한적 기업자선의 시대

제2차 세계대전 이전까지 대부분의 일본인들은 자선활동이 천황의 의지에 따라 행해지며 자신이 속한 기업에 충성하는 것을 공동체에 대한 공헌과 동일시하였다. 또한 자선활동이 종교에 뿌리를 두고 발전해 온 서구에 비해 일본에서는 대부분의 종교가 널리 확산되지 못했기 때

환경 친화적인 기업만을 투자 대상으로 삼는 것을 뜻한다. Domini Social Investments에 따르면 2003년 기준 SRI 펀드 금액은 2조 1,640억 달러로 전체 펀드 시장의 12% 이상을 차지한 것으로 나타났다.

문에 종교적 자선을 위해 개인 또는 기업소득의 일부를 기부한다는 사고방식도 뿌리를 내리지 못하였다.

명치시대에는 부호들에 의한 기부활동이 주류였으나 戰後에는 마쯔시다 고노스께 「수도철학(水道哲學)」과 같은 경제적 책임을 강조하여 왔다. 이는 기부전통이 미약한데다 사회문제나 국민복지가 정부의 영역이어서 기업은 이에 참여하지 않는 것이 좋다고 보는 견해가 지배적이었기 때문이다.

戰前에는 군부가 전쟁에 협조하지 않고 개인의 부만 추구했다고 하여 재벌을 비판하였고, 戰後 연합군은 일본기업들을 전쟁에 일부 책임을 겨야 할 당사자로 판단하였다. 이러한 상황에서 일본기업들의 자선활동은 기업비판에 대한 일시적인 대응의 양상을 띠고 전개되어 왔다.

1930년대에 미쓰이가 설립한 '삼정보은회(三井報恩會)'나 미쓰비시 등에 의해 거액의 현금기부가 이루어지기는 하였으나, 이는 금융공황 직후 발생한 민심 수습 차원에서 우익과 군부가 재벌을 압박한 결과물이었다.

일본 기업들은 사회적 비판에 직면하여 윤리강령을 발표하는 등 나름대로 사회적 책임 수행을 강화하는 노력을 보여 왔다. 일본경제가 戰後 부흥을 마무리하고 새로운 단계에 돌입하던 시기인 1956년에 경제동우회(經濟同友會)는 「경영자의 사회적 책임에 대한 자각과 실천」을 발표하여 사회적 공기(公器)로서 기업의 책임을 강조하게 된다.

개별기업의 이익과 사회의 이익이 일치하는 시대는 끝났으므로 경영자가 적극적으로 사회적 책임을 수행하지 않으면 국민경제의 발전은 물론 개별기업의 발전도 기대할 수 없다고 결의한 것이다.

이러한 책임을 실천하기 위해 경영자는 경제적·사회적 환경을 정비하는데 노력을 아끼지 말 것을 강조하는 등 戰後 일본기업의 사회적 책임 수행에 대한 방향을 제시하였다. 이를 통해 만약 기업이 그 책임을 수행하지 않으면 국가권력의 개입으로 기업의 자율성을 상실하고 경제발전도 불가능할 것이라는 위기의식이 팽배하였다.

일본에서는 70년대 중반 들어 석유파동 직후 물가가 급등하자 기업의 무절제한 이윤추구행위를 비난하는 여론과 항의시위가 계속되었다. 1970년대 제1차 석유위기 이후 매점매석, 물가상승, 공해발생 등으로 기업에 대한 사회적 비판이 지속되자 각 기업들은 일제히 기업재단을 설립하여 대응하였다.

도요타재단, 미쓰비시재단 등은 이 시기에 설립된 대표적인 재단으로 기업들은 법인재단을 만들어 사회사업이나 문화사업 등의 자선활동에 관심을 가지기 시작하였다. 특히, 1976년 대기업들이 록히드 사건에 연루되면서 기업의 반사회성에 대한 비판이 고조되자 경단연 등 재계 4단체가 기업의 사회적 책임을 결의하였다.

이렇듯 일본의 기업들은 자발적이기보다는 사회의 압력에 대한 대응 수단으로써 사회적 책임을 다하는 모습을 보였다.

2) 1980년대 이후: 사회적 책임의 확산과 정착

일본기업들의 사회적 책임에 대한 인식이 본격적으로 전환되기 시작한 것은 1980년대 중·후반 이후라고 할 수 있다. 80년대 후반 엔高를 극복한 후 버블경제가 도래하여 기업의 재테크 지향이 강해지고 리쿠르트사건 등이 빈발하자 기업윤리문제가 다시 대두되었다.

이에 대응하여 경제 4단체는 "기업인 한 사람 한 사람이 기업의 사회적 책임을 자각하고 기업윤리의 문제를 자성자계(自省自戒)해야 한다."는 취지의 견해서를 발표하였다. 이는 국내적으로는 과로사, 잔업 등으로 인해 일본기업의 시스템 전체에 대한 반성이 제기되기 시작하였으며, 대외적으로는 일본기업의 다국적 기업화와 더불어 현지에서의 사회공헌활동이 경영전략의 일부로 인식되기 시작했기 때문이다. 1972년 설립된 미국 소니재단이 본격적인 활동을 전개하기 시작한 것도 1980년대 후반부터라고 할 수 있다.

한편, 90년대에는 대형 금융사건과 총회꾼에 대한 이익 공여 사건이 발생하여 일본의 기업시스템 자체에 문제가 있으며 기업정보를 공개하고 주주 이익을 배려하는 기업지배구조를 구축해야 한다는 방향으로 여론이 형성되기 시작했다.

따라서 일본 기업들은 경제적 책임만을 중시하던 과거 행태에서 벗어나 '좋은 기업시민(good corporate citizenship)'을 강조하는 사회공헌 책임에도 역점을 두게 된다.

최근 들어서는 회사 구성원들의 기업 우선 사고가 개인과 공동체의 삶을 강조하는 추세로 전환되면서 사내에 자선활동 관련 제도들이 대폭 정비되고 소규모 자원봉사활동 조직이 결성되고 있으며 비영리조직과의 연대 활동도 강화되는 등 일본기업의 자선활동은 새로운 국면을 맞고 있다.

특히 기업지배구조의 개선 필요성에 대한 사회적 공감대를 바탕으로 지역사회와의 커뮤니케이션을 강화하려는 기업들의 노력이 본격화되면서 소극적이고 임기응변적인 사회공헌활동을 넘어 기업시민 개념이 점차 확산되고 있는 상황이다.

일본기업들의 사회공헌활동에 대한 지출은 지속적으로 확대되고 있는데 경상이익 중 사회공헌지출이 차지하는 비율은 1990년 1.7%에서 1994년에는 3.3%로 1.6% 포인트 증가하였다.

사회공헌활동을 회사의 이미지 상승이나 조세혜택 등 이익과 관련된 목적보다는 '사회일원으로서의 책임(86%)' 수행에 더 많은 비중을 두고 있다.

한편, 기업들은 종업원의 사회봉사활동에 대해 자금과 시간을 지원하는 등 참여를 유도하고 있다. 실례로 마쯔시다 전기는 이전에는 봉사활동을 노조의 자율에 맡기고 자금을 지원하는데 머물렀으나 1992년부터 자원봉사에 대해 최장 1년간의 유급휴가제도를 도입하고 있다.

하지만 미국기업들과 비교하여 볼 때, 일본기업들은 기본 지키기와 경제적 책임수행은 비교적 충실하게 수행하고 있으나 사회공헌활동은 아직 미흡한 단계로 평가받고 있는 게 사실이다.

따라서 기본 지키기 중에서도 경영의 투명성을 제고하고 주주이익을 중시하는 국제규범의 확산에 따라 현재의 폐쇄적 기업시스템을 개선해야 한다는 논의가 활발하다.

이상에서 살펴본 바와 같이 일본은 기업의 사회적 책임에 대한 대처가 유럽에 비해 뒤처져있다는 판단 하에 민간을 중심으로 활발한 논의가 진행 중이다.

2005년 10월, 경단련에서는 기업행동헌장과 실행방법에 기초한 'CSR 추진 툴'을 발표하여 기업의 자율적인 사회적 책임활동 추진을 도모하고 있다. 또한 유력기업 7개사 주도로 '경영윤리실천연구센터'를 1997년에 설립하였고, 경산성·경단련은 'CSR 표준위원회'를 2002년에 설립하여 운영하고 있다.52)

3. 유 럽

노조의 영향력이 큰 유럽에서는 노조와 이해관계자들이 유럽 의회를 압박하여 기업의 사회적 책임 관련 규범을 강화하는 추세에 있다. 이러한 유럽의 노조와 소비자단체가 중심이 된 사회적 책임론은 노동 및 환경 분야에서 ISO 표준화(ISO 26000)에 영향을 미칠 것으로 기대된다. 유럽의 주요 국가별 사회적 책임 관련 주요 동향을 살펴보면 다음과 같다.

먼저 영국은 2001년 7월, 수정연금법(Pension Act Amendment)을 통해 사회적 책임투자(SRI)를 연금펀드 투자기준으로 의무화하였다. 세계 최초로 CSR Minster를 2001년 4월 임명하고 2002년 의원 입법으로 Corporate Responsibility Bill 입법을 추진하였다.

다음으로 프랑스는 이미 1979년, 노동조건 보고서 제출을 법제화하

---

52) 김현수(2006), 앞의 보고서, p.12.

는 내용을 담은 Bilan Social을 제정하였다. 그 후 2001년, 상장기업의 재무·환경·사회측면의 정보공개를 의무화하는 기업법을 제정하였고, 2002년에는 상장기업 연차 재무보고서에 사회적·환경적 영향의 내용을 포함하도록 의무화하는 신경제규제법을 제정하였다. 또한 같은 해 영국과 마찬가지로 CSR Minster를 임명하였다.

독일은 2001년, 연·기금 운용회사에 대해 윤리·환경·사회보고서 제출을 의무화하도록 하였으며, 덴마크는 1996년, EU 최초로 환경보고서를 법제화하였다.

네덜란드와 노르웨이는 또한 1999년 환경보고서를 법제화하였으며 연·기금 SRI를 법제화하려는 움직임을 보이고 있다. 그리고 오스트리아는 사회적 책임 투자 관련 정보공개를 의무화 하는 조치를 취하였다.[53]

다음에서는 유럽연합(EU) 차원에서의 기업의 사회적 책임(CSR)강화를 위한 움직임에 대해 살펴보도록 한다.

1) 기업의 사회적 책임강화 노력

유럽연합차원의 기업의 사회적 책임을 강화하기 위한 전략적 노력이 강화되고 있는데 다음은 사회적 책임 관련 유럽연합의 노력을 순차적으로 정리한 것이다.

▷ 1997년 11월, 길렌하머(Gyllenhammar) 최종보고서의 산업변화의 경제적·사회적 결과에 관한 고위급 그룹(The Gyllenhammar Group)[54]회의에서 '1000명 이상의 종업원을 보유한 기업은 기업활동의 사회적 영향을 설명하기 위해 변화관리에 대한 연간보고서를 작성해

---

53) 김현수(2006), 앞의 보고서, pp.10−11.
54) 1997년 11월 개최된 룩셈부르크 직업 정상회의의 결과로 발족되었음 (Luxembourg Jobs Summit)

야 한다.'고 주장하였다.

▷ 2000년 3월, 리스본에서 열린 유럽위원회 정상회담에서 유럽연합
은 향후 10년간 전략적 목표로서 '세계에서 가장 경쟁력 있고 역
동적인 지식기반경제를 이룩하여' 직업의 질적·양적 향상을 도
모하고 사회적 융합이 한층 강화된 사회를 이루는 것이라고 천명
하였다.

이를 이루기 위한 민간부분 공헌의 중요성을 강조하면서 유럽위원회
(European Council)는 최초로 평생교육, 노동조직, 고용평등, 사회적 포
용 및 지속가능한 발전 등의 모범관행과 관련된 사회적 책임에 기업적
관심을 촉구하였다.

▷ 2000년 6월에 채택된 사회정책안건(Social Policy Agenda)에서는
고용, 경제·시장통합의 사회적 여파 및 신경제 도래에 따른 노동
조건의 변화측면에서 기업의 사회적 책임의 중요성을 강조하였다.
결과적으로, 이사회는 2001년 기업의 사회적 책임과 변화관리와
관련된 노력을 지원하기 위한 보고서를 발간하기로 결의하였다.

▷ 2001년 3월, 스톡홀름(Stockholm)에서 열린 유럽이사회는 사회적 책
임을 강화하기 위한 기업의 자발적 노력을 환영하면서 이를 장려하
기 위한 아이디어를 서로 공유하기 위해 초안보고서(Green Paper)
발간방안을 논의하였다.

▷ 2001년 7월 발간된 『유럽의 기업의 사회적 책임 프레임워크 개발
을 위한 보고서(Promoting a European Framework for Corporate
Social Responsibility)』초안에서, EU 집행위원회(Commission)는 기
업의 사회적 책임이라는 개념에 대한 논의를 본격적으로 시작하

였고, 기업의 사회적 책임활동 확산을 위한 유럽 내의 프레임워
크를 개발하기 위한 협력체재구축 방안을 논의하였다.

이 초안보고서에서는, 기업의 사회적 책임을 "기업이 자발적으로 사
회 및 환경에 대한 우려를 기업활동과 기업의 이해관계자와의 상호관
계에 반영하는 개념"이라고 정의하고 있다.

▷ 2002년 7월, CSR 보고서 초안에 대한 후속조치로서 『기업의 사회
  적 책임에 대한 집행위원회 보고서: 지속가능한 발전을 위한 기업
  의 공헌(Communication from the Commission Concerning Corporate
  Social Responsibility: A Business Contribution to Sustainable Development)』
  를 발간하였다.

이 보고서에서는 기업의 사회적 책임활동을 확산시키기 위한 구체적
인 유럽연합 차원에서의 전략을 제시하고 있는데, 다음은 2001년 보고
서 초안에 대한 피드백과 유럽차원의 기업의 사회적 책임활동 강화 전
략을 정리한 것이다.

  보고서 초안 발간 후 기업단체, 개별기업, 소비자, 시민사회, 학계 등
으로부터 약 250개의 피드백을 받았고 대부분 기업의 사회적 책임의 공
론화에 적극 찬성했지만 입장의 차이는 현격히 있었다.
  기업의 사회적 책임에 대한 피드백에서 기업 측은 기업의 사회적 책
임은 자발적 성격이 강하며 이에 대한 기준은 전 세계적 차원에서 결정
되어야 한다고 주장하면서, 획일적 제도 도입에 반대를 표명하였었다.
  노동조합 및 시민단체는 기업의 자발적 도입만으론 노동권과 시민권
을 보호하기에 충분치 않다고 보고 최소한의 기준을 세우고 공정한 시장
환경을 만들기 위한 규제 프레임워크를 옹호하였다. 또한 기업에 의해
직접 개발되고 실행되고 평가되는 기업의 사회적 책임활동에 대한 관행
은 전적으로 신뢰할 수 없다며 반대의견을 제시하였다.

소비자단체 측은 제품과 서비스가 생산 및 거래되는 조건이 윤리적·
사회적·환경친화성 여부에 대한 정보가 완전히 공개되어야만 구매결정
에서 신뢰할 수 있는 기초자료의 역할을 할 수 있다고 주장하였다.

▷ 유럽이사회(The Council)는 2001년 12월 3일 결의안에서 기업의
  사회적 책임에 대한 유럽차원의 접근법은 지역 및 국가별 차원의
  개별 기업의 사회적 책임 강화노력을 보완할 수 있어서 이사회
  차원에서의 노력의 필요성을 주장하였다.

2) 유럽연합 내의 기업의 사회적 책임에 대한 공감대 형성

최근 기업의 사회적 책임을 기업문화에 도입하는 기업의 수는 증가
하고 있는 가운데, 각 기업의 접근법은 다르지만 다음과 같은 공감대
가 형성되고 있다.

사회적 책임은 법적규제 차원을 뛰어넘어 기업 스스로가 장기적 이
익에 기여한다고 판단해 스스로 도입하는 기업활동이라는 인식이 확산
되고 있다. 또한 사회적 책임은 지속가능한 발전과 근본적으로 연관되
어 있어서 기업은 경제·사회·환경적 영향을 고려하여 기업활동에 반
영할 필요가 있음을 인식하고 있다. 즉, 기업의 사회적 책임은 기업의
핵심활동에 단순한 옵션(Add-on)이 아니라 기업의 주요 운영방식에
해당된다고 인식한다는 것이다.

최근 사회적 책임의 필요성에 대한 인식은 이처럼 확대되는 추세에
있다. 하지만, 기업의 사회적 책임에 대한 인식의 추가적 확산에 있어
서 걸림돌이 존재한다. 기업의 사회적 책임이 상당히 진전되었음에도
불구하고, 다음과 같은 요소가 사회적 책임의 정착을 가로막고 있는
것이다.

우선, 기업의 사회적 책임과 기업의 성과의 상관관계(Business Case)
에 대한 충분한 근거가 없다는 것이다. 또한 사회적 책임이 전 세계적

차원의 문제인 만큼, 각 국가간 제도차이를 고려한 사회적 책임의 개념에 대한 합의가 전반적으로 부족한 상태이다.

그리고 경영교육기관에서 사회적 책임에 대한 교육 및 훈련이 부족하다는 점이 걸림돌이 된다. 그리고 중소기업의 사회적 책임에 대한 인식 및 필요재원이 부족하고 사회적 책임 정책을 고안, 관리, 홍보하기 위한 상호합의된 도구가 없어서 사회적 책임정책의 투명성이 부족하다는 점이 문제점으로 부각되고 있다. 이 외에도 소비자와 투자자의 사회적 책임에 대한 인식이 부족하다는 점, 사회적 책임관련 공공정책의 일관성이 부족하다는 점 등도 걸림돌이다.

3) 유럽연합차원의 사회적 책임 전략적 접근법

유럽연합은 사회적 책임이 분명 기업차원의 문제이기는 하지만 사회적 책임은 지속가능한 발전에 기여하고 사회적 가치창출에 기여한다는 충분한 근거가 있어서 기업의 사회적·환경적으로 책임 있는 관행을 정착하는데 관계당국의 역할이 필요하다고 보고 있다.

국제화 추세의 부정적 영향을 최소화하기 위한 노력의 일환으로서, 사회적 책임정책을 통해서 모범적 기업관행을 장려함으로써 지속가능한 개발을 위한 정부측 노력을 보완할 수 있을 것으로 기대하고 있다.

또한 상이한 사회적 책임 도구가 확산되면 기업간 비교가 힘들고 기업 이해관계자에게 혼란을 유발하고 시장왜곡의 원인이 될 수 있을 것이다. 그래서 사회적 책임 도구의 통합을 촉진하기 위한 유럽연합공동체 차원의 역할이 필요하다고 판단하여 전략적 접근을 추진하고 있는 상황이다.

다음은 유럽연합차원의 사회적 책임 정책의 기본원칙이다.

유럽연합은 사회적 책임의 자발적 성격을 인정하며, 사회적 책임 관행의 신뢰성과 투명성 보장이 필요하다고 인식하고 있으며 유럽연합차원의 노력이 가치를 창출할 수 있는 영역에서만 집중해야 한다는 원칙을 가지고 있다.

또한 경제적·사회적·환경적 문제뿐만 아니라 소비자문제에 대한 균형 있고 포괄적인 접근 추진을 원칙으로 하며, 중소기업의 요구와 특성을 감안하며, 기존의 국제협약 및 제도(ILO핵심노동기준, OECD Guidelines for Multinational Enterprises)와 양립되는 정책 추진을 원칙으로 하고 있다. 위의 원칙을 바탕으로 유럽연합 위원회는 다음의 영역에 집중할 것을 제안하고 있다.

유럽과 해외에서 사회적 책임이 기업 및 사회에 가지는 긍정적 영향에 대한 연구를 강화하고, 사회적, 환경적 책임경영이 기업의 경쟁력과 지속가능한 개발에 기여한다는 구체적 증거가 사회적 책임을 기업에 확산시키는 가장 효율적이고 최선의 방법이라는 것을 인식하여 이와 관련연구를 강화하고 사회적 책임관련 지식 및 인식을 향상시키기 위한 기업, 이해관계자, 교육 및 훈련기관의 활동을 적극 지원하는데 집중할 것을 제안한다.

또한 사회적 책임관행과 관련된 정보 및 해당 기업과 국가에 미친 영향에 대한 자료를 분석하고 기업간 사회적 책임에 대한 경험과 모범관행 교류제도의 도입에 중점을 두고자 한다.

이에 대해 현재 운영 중인 모범관행 및 사례교류를 위한 포럼 등 모임을 보다 잘 네트워킹하고 활동을 조정하여 교류의 효율성을 높이는 작업을 진행 중에 있다. 이러한 교류를 통해서 기업간 사회적 책임 도입 비용을 경감시킬 수 있고 공평한 경쟁 환경을 조성할 수 있을 것으로 기대하고 있다.

그리고 사회적 책임 운영기술을 개발하고 장려하는데 중점을 두어야 한다고 제안한다. 초안보고서에 대한 피드백에서 대다수가 사회적 책임을 장려하기 위해서 경영자, 종업원 및 기업관계자의 훈련 및 교육의 중요성을 강조하였었다.

따라서 유럽사회기금(european Social Fund)과 기업의 재원을 사용하여 경영진 훈련에서 사회적 책임을 장려하거나 교육기관에서 과정 및 교육자료 개발 가능성을 검토 중에 있다.

또한 유럽연합 집행부에서는 중소기업의 사회적 책임 도입 장려를 제안하는데 이를 위해서 정보제공, 사용하기 쉬운 제도 및 모범사례 및 관행을 확산함으로써 중소기업 사회적 책임 인식제고 및 도입을 위한 중소기업단체의 역할의 중요성을 강조하고 적극적 참여를 장려하고 있다.

구체적인 실행방안으로 발간자료나 온라인 모범사례 데이터베이스를 구축하여 중소기업에게 도움이 될 만한 모범사례 및 관행 자료를 제공하고 자료나 중소기업 ToolKit 등을 제공하여 자발적으로 사회적 책임을 준수하려는 중소기업에게 사용하기 편리하고 '맞춤형' 도구를 개발하고 유포하기위해 노력 중에 있다. 또한 공급자망관리(Supply Chain Management) 및 도움프로그램(Mentoring Scheme)을 이용하여 중소기업과 대기업간의 사회적·환경적 책임을 준수하기 위해 협력을 촉진하고 있다.

사회적 책임 관행, 기구의 통합 및 투명성 촉진에 역점을 두자고 제안하고 있다. 이는 사회적 책임이 확산되면서 상이한 기준, 제도 및 절차가 도입되어 포함영역, 목적, 실행, 기업 및 산업의 적용가능성 측면에서 상호비교가 어려워졌기 때문이다. 사회적 책임에 대한 기대가 점차 명확히 정의되면서, 개념, 제도, 절차상의 통일성을 추구할 필요성이 대두되고 있는 것이다.

윤리강령의 기준에 대해서는 CSR EMS FORUM을 통하여 기존의 윤리강령의 효율성과 신뢰성을 고려하여 향후 유럽차원에서 기준들이 통합될 수 있는지 고려토록 하며, 사회적 책임 운영시스템을 통해서 기업활동의 사회·환경적 영향을 보다 잘 파악할 수 있어서 중요한 영향을 목표로 보다 잘 관리할 수 있다고 판단하여 EMAS(Eco-Management and Audit Scheme) 시스템 등을 통해서 환경경영체제를 도입을 고려중에 있다. 유럽연합차원에서 EMAS를 사회적 책임의 핵심 제도로 권장하고 기업의 사회적 성과를 다루기 위한 EMAS 도입방안을 연구하고 있다.

또한 집행위원회는 종업원 500인 이상의 공개기업에게 연간보고서에 '3중 결산(Triple Bottom Line: 경제적·환경적·사회적 성과를 모두 포함한 영업보고서 발간)' 제도를 도입할 것을 적극 권장한다.

그리고 CSR EMS FORUM이 2004년 중반까지 측정·보고·검토에 대한 합의된 가이드라인을 만들 것을 권고하고 있다.

이 외에도 유럽연합차원의 多영역간 포럼을 발족하였는데 유럽연합은 사회적 책임의 성공적 정착여부는 각 이해관계자, 즉 기업, 기업관계자, 시민사회, 정책당국이 사회적 책임 기준에 대한 주인의식을 충분히 갖는지 여부에 따른다고 판단하여, 각 관계자의 참여를 촉진하기 위한 기업과 기업의 이해관계자간의 대화를 촉진시키는 정책을 도입하고자 한 것이다.

이를 위해 유럽연합집행위원회는 사회적 책임관련 유럽연합차원의 다자간 포럼(CSR EMS FORUM: EU Multi-stakeholder Forum on EMS)을 발족할 것을 제의하였다.

2002년 10월 16일, 사회적 책임 EMS 포럼(이사회가 의장)은 유럽의 고용주, 노조, NGO 대표가 한데 모여서 기존의 사회적 책임 관행의 혁신성, 통합성 및 투명성을 향상시키는데 목적을 두고 발족되었다.

이 포럼은 이층구조(Two Level Structure)로 이루어져 있는데 우선, 매년 2회의 총회(정치적 차원)가 열려서 광범위한 기준, 절차 및 워크 프로그램 등 주요 의사결정이 이루어지고, 주제별 라운드 테이블(Theme-based Round Tables)은 워크 프로그램 실천하는 형태로 진행된다. 운영위원회는 포럼의 일일단위의 운영을 담당하고, EMS Forum의 모든 안건, 문서, 결과는 온라인에 게재되어진다.

또한 유럽연합 집행부는 사회적 책임을 유럽연합공동체 정책에 반영하자고 제안한다. 유럽연합은 적정한 영역에 사회적 책임 정책을 자체정책에 통합하기 위해 노력 중에 있다.

유럽연합 자체적으로 CSR EMS Forum의 결과 및 사회적 책임의 유럽연합 정책도입에 대한 사회적 책임에 대한 보고서 2004년에 발간하

였다. 또한 집행위원회 내에 정보를 공유하고 사회적 책임분야에 집행
위원회 활동의 일관성을 높이기 위해서 사회적 책임 인터서비스(Inter
-service) 그룹을 창설하였다.

이상에서 살펴본 바와 같이 유럽은 유럽연합 차원에서 기업의 사회
적 책임활동에 대한 중요성을 인식하고 이를 기업들에게 정착시키기
위한 다각적인 노력을 경주하고 있다.

4. 한 국

최근 들어 윤리경영에 대한 국내기업들의 관심이 크게 증가하고 있다.
전경련의 조사에 따르면 2001년 조사대상 기업(전경련 회원사 및 상장기
업 500개사)의 45.2%가 기업윤리헌장을 채택한 것으로 나타나 지난
1999년의 21.8%에 비해 크게 늘어났으며, 30대기업은 69.4%가 윤리헌장
을 제정한 것으로 나타나 1999년의 33.3%에 비해 역시 크게 증가했다.

〈표 6〉 국내의 기업윤리헌장 제정 현황

구 분	1999년(%)	2001년(%)
전체기업	21.8	42.3
30대기업	33.3	69.4

주: 전경련 회원기업 및 상장기업 중 500개사를 대상으로 2001.6.4~6.30까지 조사한 결과
자료: 전경련(2001), "기업윤리헌장 제정 및 실태조사결과"

특히 위의 조사에서는 윤리강령의 제정이유로 수익성과 생존전략을
지적한 기업의 비중이 1999년의 약 7%에서 약 30%로 나타나 윤리경
영이 사회적 책임의 수행이라는 당위성을 떠나 점차 경쟁전략 차원으
로 인식되고 있음을 보여주고 있다.

<표 7> 기업의 사회적 책임지표의 국가경쟁력 순위(2000 ~ 2001년)

	기업인 신뢰		윤리 경영		사회적 책임		전체 순위
	2000	2001	2000	2001	2000	2001	2001
싱가포르	1	3	6	8	5	7	2
홍 콩	13	10	24	19	31	22	6
대 만	26	14	26	25	23	16	18
한 국	45	47	38	39	39	40	28

주: 2000년은 총 47개국 중, 2001년은 총 49개국 중 순위임
자료: IMD, The World Competitiveness Report, 2000, 2001

그러나 국내의 윤리경영 도입은 아직 초보적 수주에 머물러 있다. 윤리경영에 대한 변화 추세를 인식하고는 있으나 시급한 경영과제로 받아들이지는 않고 있는 것이다. 실제로 스위스의 국제경영개발원(IMD)에서 발표하는 국가경쟁력 순위에서도 국내기업의 윤리경영과 관련된 지표는 2001년 전체 49개국 중 39위를 차지하여 외국인들 역시 국내기업의 윤리경영 수준에 대해 높은 점수를 주지 않고 있다.

기업 차원과 더불어 국내 사회 차원에서도 최근 외환위기 이후 기업에 대한 국민들의 기대심리가 더욱 높아지고 PL법 발효, 주주대표소송 등의 제도가 정비되면서 이해관계자들의 영향력이 증대하고 있다.

특히 인터넷의 확산으로 소비자들이 불만사례를 쉽게 공유하고 안티사이트 등을 통해 집단행동을 도모하는 사이버파워가 형성되면서 기업활동에 큰 부담으로 작용하고 있다. 또한 기업에 대한 국민들의 기대심리가 더욱 높아지면서 사회통념에 어긋나지 않는 경영을 요구하는 목소리가 높아지고 있다. 이에 따라 법률적으로는 문제될 것이 없는 경영활동조차도 국민정서와 충돌하여 사회적 물의를 일으키고 지탄의 대상이 되는 경우가 발생하고 있다.

따라서 현재 국내기업들은 기업의 법적·경제적 책임을 넘어서 사회적 책임을 깨닫기 시작하는 단계로 평가받고 있다.[55]

---

55) 이상민, 최인철(2002), 앞의 보고서, pp.26-27.

다음에서는 국내에서의 기업의 사회적 책임과 관련되어 있는 국내 여러 기관들의 동향과 실천 내용에 대해 알아보기로 한다.56)

1) 산업자원부

〈표 8〉 기업의 사회적 책임 관련 산업자원부 법제화 추진(안)

1 안	2 안
• 「산업발전법」개정시 반영 －제2장 "산업의 경쟁력 강화"부분에 CSR관련 규정 신설 (법조문 안) 제9조 산업자원부 장관은 산업의 지속가능한 발전을 지원하기 위해 기업하기 좋은 환경을 조성하는 한편, 기업이 사회적 책임을 다할 수 있는 시책을 발굴·보급하여야 한다. (예시내용): CSR 우수사례 발굴·보급 (표준화, labeling, 포상), 사회보고제도 도입 등	• 「기업책임법」(가칭) 제정 －CSR 촉진을 위한 별도의 특별법 제정

자료: 「지속가능한 국가발전을 위한 "기업의 사회적 책임(CSR) 확산 추진 기본계획(안)」, 산업자원부(2005)

현재 국내에서는 산업자원부를 중심으로 기업의 사회적 책임에 대한 법제화 방안이 추진 중에 있다. 산업자원부는 한국형 CSR 성과보고서를 개발하여 기업의 CSR 보고에 대한 평가 시스템 구축을 적극적으로 검토하고 있는 것이다.

이러한 기업의 CSR 보고에 대한 평가 시스템이 구축되면 CSR 모범기업에게 'CSR 우수기업'이라는 Label을 부착하는 CSR Labeling 제도가 도입될 수 있으며 금융대출 시, CSR 우수기업에 대한 우대금리 적용 등의 인센티브 제도가 가능해진다.

또한 산업자원부는 사회적 책임투자(SRI)의 도입을 검토하고 있는데 이는 중·장기적으로 연·기금 투자를 SRI 펀드로 전환하는 것을 추진하기 위함이다.

---

56) 김현수(2006), 앞의 보고서, pp.13-15.

2) 금융감독원

금융감독원은 국내 은행에 대한 사회적 신뢰도를 제고하고 국민경제
·사회와의 공동발전을 도모한다는 취지로 국내은행의 사회적 책임 경
영 강화를 추진 중에 있다.

그 내용을 살펴보면, 사회적 책임경영 전담조직의 설치, 국제규범 가
입 등의 인프라 구축과 재무 및 손익, 자금의 조달과 운용, 조직 및 인
력 등에 관한 사회적 책임보고서 발간을 권고하고 은행권이 자체적으
로 사회적 책임경영 및 공표에 대한 모범규준을 마련하도록 유도하는
등의 책임경영 공표가 있다.

또한 휴면예금의 적극적인 반환을 유도하고 불공정 소지가 있는 금융거
래를 근절시키고 금융소비자 권익 보호에 적극적인 자세를 취하는 대고객
윤리경영과 중소기업금융 확대를 위해 미래의 채무상환능력 등 정성적 정
보에 기초하여 대출하도록 하는 관계형 대출(Relationship Banking)을 추진
중에 있다.

3) 한국표준협회

ISO의 SR 표준화 작업에 대해서는 ISO의 한국 파트너인 한국표준협
회(KSA)를 중심으로 대응하고 있다. 지난 2005년 6월, 한국표준협회,
기술표준원, 산업자원부가 공동으로 참여하는 'SR 표준화 포럼'을 출범
시켜 국제표준화기구의 기업의 사회적 책임관련 표준화 동향에 대응하
고 있다.

〈표 9〉 ISO SR 표준화 WG 국내 참여현황

구　분	소　속	비　고
CAG(Chairs Advisory Group)	소비자 시민모임	
TG 1(Funding and stakeholder engagement)	한국표준협회	
TG 6(Guidance on core SR subject / issues)	한국노총	
TG 7(Guidance for organization on Implementing SR)	유한킴벌리, 영국브뤼넬대학교	

자료: 제2차 ISO SR WG 회의결과 보고, SR표준화 포럼('05.12)

4) 한국공정경쟁연합회

한국공정경쟁연합회는 1999년 11월, 민간주도의 자율적인 공정경쟁 풍토를 조성한다는 취지로 발족된 단체로 2004년 한국공정거래협회에 서 명칭이 변경된 것이다. 이 단체는 교육사업, CP 컨설팅을 통해 기 업의 자율적 공정거래 준수를 위한 활동을 하고 있다.

한국공정경쟁연합회의 주도로 '공정거래질서 자율준수 위원회'가 2001년 3월에 발족되었는데 이 위원회는 기업이 스스로 공정거래규범 을 지켜 나가자는 취지로 기업인, 사업자단체, 학계·연구기관, 법조계, 시민단체가 공동으로 참여하여 만들어졌다.

이 위원회에서는 하도급, 내부거래 등 자율적 공정거래 실천을 위한 '공정거래 자율준수규범'을 2001년 7월 선포하여 기업의 자율적 실천 을 강조하였고 공정거래자율 실천 편람, 홈페이지 운영 및 교육, 공정 거래 자율준수 결의문 채택, 공정거래 자율준수 관리자 임명 등을 통 해 기업 스스로 공정거래 자율실천을 강조하고 있다.

또한 한국공정경쟁연합회에 의하면 2005년 12월 현재, 대기업을 중 심으로 257개의 기업이 '공정거래 자율준수 프로그램'을 도입하여 운영 하고 있다고 한다.

2005년 12월 기준으로 공정거래 자율준수 프로그램 도입현황을 살펴 보면, 제조·일반 업종의 기업들이 총 74개 기업이 도입하고 있으며,

특수판매 업종이 66개 기업, 유통업종이 31개 기업, 전기·전자 업종이 25개 기업이 이 프로그램을 도입하여 운영하고 있는 것으로 나타났다.

위에서 살펴본 바와 같이 기업의 사회적 책임에 대한 사회 및 기업의 인식이 변화되는 과정을 겪고 있는 국내의 경우, 기업을 둘러싼 외부환경의 영향력이 증대되고 있는 상황과 맞물려 지속가능한 성장을 위해서 기업 스스로가 사회적 책임활동의 수행을 점차 높여가고 있는 실정에 있다 하겠다. 하지만 다른 선진국들에 비해서는 여전히 기업의 사회적 책임에 대한 인식이나 실천이 부족한 상황이다.

제 3 장

기업의 사회공헌활동의 의의와 내용[57)]

최근 기업이 사회에서 요구하는 책임을 수행하는 데에 있어서 기업윤리 또는 사회적 책임이라는 전통적인 개념과 달리 새로운 개념으로서 기업의 사회적 반응이라는 말이 자주 거론되고 있다.

기업의 사회적 반응이란 기존의 기업윤리나 사회적 책임의 개념을 넘어 보다 적극적이고 예방적인 차원에서 기업의 사회에 대한 대응행동을 강조하며 사회적 성과를 중시하는 개념이다.

이번 장에서는 이러한 사회적 반응개념이 갖는 특성 및 사회적 반응에는 어떠한 유형들이 있는지에 대해 알아보기로 한다. 그리고 더 나아가 사회적 반응개념을 더욱 실천적으로 추진할 수 있는 방법으로의 사회공헌활동의 의의와 국내기업의 사회공헌활동의 내용에 대해서도 살펴보도록 한다.

---

57) 신유근(1995), 「사회중시경영: 기업과 사회」, 경문사. pp.209−245.

제1절 사회적 반응의 특성과 유형

기존에 사용되었던 기업윤리와 사회적 책임과는 달리 상대적으로 늦게 인식하기 시작한 사회적 반응에 대한 관점은 대략 두 가지로 나누어진다. 하나는 기존 기업의 사회적 책임 개념을 계승하는 차원에서 사회적 반응을 보는 시각이며, 다른 하나는 기존의 사회적 책임과 기업윤리를 통합하여 더욱 확장된 개념으로 보는 시각이다.

기업이 사회적 책임을 성실히 수행하기 위해서는 사회적 반응의 개념이 매우 중요한 만큼 이번 절에서는 기업의 사회적 반응이 어떤 특성을 보이고 있으며, 그리고 기업의 사회적 반응에는 어떤 유형들이 있는지 살펴보기로 한다.

1. 사회적 반응의 특성

앞에서 언급한 바와 같이 기업의 사회적 반응은 기존의 기업의 사회적 책임이나 기업윤리를 넘어서는 보다 발전적인 개념적 특성을 보이고 있다. 즉, 사회적 반응개념은 사회적 책임이나 기업윤리에 비해 보다 적극적이고 예방적으로 사회에 대하여 기업이 대응하는 행동을 강조한다는 점, 기업 내부의 반응과정에 주목한다는 점, 또한 사회적 성과를 중시한다는 점 등을 그 특성으로 들 수 있다.

1) 적극적인 대응행동 강조

기업의 사회적 반응이라는 개념은 기업이 어떤 사회적 문제해결에 직면 할 경우 수동적인 입장에서 규정된 의무만을 행하지 않고 보다 능동적인 입장에서 사회적 기대나 요구에 적극적으로 대응해야 한다는 입장을 강조하고 있다.

세티(Sethi)는 기업의 사회적 대응행동 차원을 사회적 의무, 사회적 책임, 그리고 사회적 반응의 3단계 모형으로 제시하고 있다.[58] 물론 그의 기업행동모형은 사회적 책임에 근거한 사회적 반응개념에 초점을 두고 있지만 이러한 모형을 통해 사회적 책임과 기업윤리를 통합하려는 입장에서 사회적 반응의 특성을 이해하는 데에도 많은 시사점을 얻을 수 있다.

세티가 주장한 기업행동모형에 있어서 세 번째 단계인 사회적 반응 단계에 대해 살펴보면 다음과 같다. 사회적 반응이란 외부적인 사회적 압력에 반응만을 하는 것이 아니라 동태적인 사회시스템 내에서 기업의 바람직한 역할이 무엇인가를 찾아내어 자율성을 바탕으로 사회변화와 사회문제 해결에 대해 적극적인 해결을 위해 노력하는 기업행동을 의미한다.

이것은 적극적인 사회로의 참여이며 기업활동과 직접 관련하여 나타나는 문제로서 그 사회에서 개선이 요구되는 문제뿐만 아니라 그러한 요구가 없다 하더라도 기업이 효과적으로 해결할 수 있는 사회문제의 해결에 앞장서는 것을 의미한다. 따라서 사회적 책임으로서의 기업행동이 기업에 제시되고 있는 사회적 요구에 기업활동을 맞추는 적응적 성격을 띠고 있는 데 반해, 사회적 반응으로서의 기업행동은 사회의 요구나 압력이 있기 전에 사회문제의 해결에 적극적으로 노력하고 바람직한 방향으로의 사회변화를 유도하는 예방적인 성격을 띠고 있다.

이러한 기업행동의 모형을 통해 우리는 기업의 사회적 반응활동이 의무나 책임의 차원을 넘어서는 보다 적극적인 대응행동을 강조한다는 것을 알 수 있다.

---

58) Sethi, S. P.(1975), "Dimensions of Corporate Social Responsibility," *California Management Review,* 17(3).

2) 기업 내부 반응과정의 결과로써 표출

기업의 사회적 반응은 보다 적극적인 실천 동기나 수행 자세를 강조할 뿐만 아니라 실무적 시사점을 제공함으로써 그것의 실천을 촉진할 수 있도록 기업 내부의 반응과정에 주목하고 있다.

기업 내부의 반응과정에 초점을 둔 사회적 반응에 관한 대표적인 연구로는 애커맨(R. Ackerman)과 바우어(R. Bauer)의 연구를 들 수 있다. 그들은 다음과 같이 인식·관여·실행의 3단계로 요약되는 기업 반응과정의 개념적 모형을 개발하였다.[59)]

첫 번째는 인식·확인의 단계이다. 통상적으로 제1단계의 인식 및 확인은 특정 이슈에 대한 사회적 관심이 증대하고는 있지만 아직 어느 특정 기업에 대한 것인지는 사회가 인지하고 있지 않은 단계를 의미한다. 이 단계에서는 기존의 이슈를 확인하고 기업과 사회에 영향을 미칠 수 있는 잠재적인 변화를 예측하며, 최고경영자가 사회문제의 중요성을 인식하게 된다. 특히, 이 단계에서는 최고경영자의 역할이 중요하다.

두 번째는 관여의 단계이다. 관여는 관련된 기업에 사회적 관심이 점차 모아지지만 아직 외부적인 강제성은 약하거나 없는 단계를 의미한다. 이 단계에서 기업은 어떤 이슈에 대해 언제, 어떻게 대응해야 할 것인가의 문제에 대해 고민하게 된다. 원칙적으로는 대응행동이 자발적으로 수행되기를 기대하지만 경험적인 조사결과에 의하면 관여의 시기와 정도는 외부적 압력의 강도와 직접적으로 관계되는 것으로 알려져 있다.

이 단계에서의 중요한 변화는 기업이 최고경영자나 임원들에게 보고를 하는 중간관리자 성격의 전문가를 임명하는 것이다. 임명된 중간관리자 성격의 전문가는 최고경영자를 보좌하면서 사회문제에 대한 기업의 대응활동을 조정하고, 기업의 반응활동을 조직전체에서 실천하도록 촉진하는 역할을 수행한다. 또한 그는 사회문제와 관련된 기업활동에

---

59) Ackerman, R. and Bauer, R.(1976), 「Corporate Social Responsiveness: The Modern Dilemma」, Reston: Reston Publishing Co.

관한 정보를 체계적으로 수집하여 분석한다.

세 번째는 실행의 단계이다. 특정 기업의 행동에 대한 사회적 압력이 더욱 구체화되고 정부 또는 다른 사회적 기관의 제재가 현실적인 위협이 되는 단계에서 주로 실행이 촉진된다. 우리는 이 단계를 상대적으로 간단한 과정으로 인식하지만, 실제로는 이 단계에서 기존 관행과의 마찰, 경영자 및 구성원의 저항 등과 같은 조직적 장애가 나타나기 때문에 실행과정에 상당한 주의를 기울여야 하며 그렇기 때문에 오히려 복잡한 과정일 수 있다.

또한 실행단계에서는 조직의 전략적이고 운영적인 수준에서의 사회적 반응활동을 시작하고 집행하는 데 초점을 두는데 보통 이 단계에 이르러 최고경영자는 조직의 경직성이 과거에 알고 있었던 것보다 훨씬 심각하다는 것을 때로는 인식하게 된다.

따라서 최고경영자는 정책을 제도화함으로써 사회정책 목표의 달성이 조직 내의 모든 관리자들의 목표가 되도록 시도하고 이러한 시도에 의해 경영목표, 보상체계, 성과측정 등의 절차와 관련된 기업의 제반 활동이나 제도 및 절차들이 수정되기도 한다.

이러한 기업 내부의 반응과정 모형은 우리에게 다음과 같은 시사점을 제공해 준다.

① 기업에 대한 사회적 요구나 기대는 즉각적인 대응비용을 넘어서는 전략적 의미를 함축하고 있다는 점이다. ② 사회적 반응활동은 사회적 기대가 확인되고 다른 조직적 요인과의 관련성을 고려하여 실행으로 이어지는 과정을 의미한다는 점이다. ③ 중요한 사회적 이슈에 대한 대응활동은 현장에서 운영결정자에 의해 시행되는 실무적 방법 측면에서의 제도화를 요구한다는 점이다.

3) 사회적 성과 중시

사회적 반응활동에서는 그것을 실행하는 과정뿐만 아니라 실행의 결과로서 나타나는 성과 또한 중시한다. 사회적 성과란 소비자의 기대충족, 이익의 확대와 배당률, 재무보고의 활용, 노동생활의 질, 종업원의 권리, 정치적 참가, 윤리적 사회봉사활동, 공해예방과 환경 보호 등 각종 이해관계자의 이해와 관련된 제반의 양적·질적인 기업성과를 총칭하는 것이다.

기업의 사회적 성과는 캐롤이 제시한 사회적 성과모형을 통해서도 알 수 있다. 이 모형에서는 사회적 성과의 평가와 관련된 사회적 책임의 대상과 범위, 사회적 이슈, 그리고 반응철학이나 반응방식 등을 통합적으로 설명하고 있다.60)

즉, 사회적 성과평가와 관련하여 경제적 관심사를 넘어서는 기업의 책임의 범위는 어디까지인가, 환경문제·제품안전문제·차별문제 등과 같이 기업이 책임을 져야 하는 사회적 이슈는 무엇인가, 어떤 반응철학에 근거하여 사회적 이슈에 대한 대응활동을 취할 것인가를 의미한다.

이상의 세 가지 물음 모두가 중요한 것이기 때문에 캐롤은 사회적 책임의 범주, 사회적 이슈, 사회적 반응철학을 종합적으로 고려하는 사회적 성과모형을 제시하고 있다.

첫째, 사회적 책임의 범주차원에서 사회적 책임은 사회적 성과의 경제적·법률적·윤리적 및 재량적 범주로 구체화된다. 이것은 사회가 기업에게 기대하는 다양한 책임을 의미한다.

둘째, 사회적 이슈 차원에서 기업은 사회적 책임의 범주뿐만 아니라, 이들 책임들과 연결되는 다양한 사회적 이슈들을 확인해야 한다. 기업이 사회적 이슈들을 파악하는 데 있어서의 어려움은 이슈들이 변화할 뿐만 아니라 산업분야에 따라 차이가 난다는 점에 기인한다.

셋째, 기업의 사회적 반응철학 차원은 사회적 책임에 대한 관심과는 구별되는 사회적 성과의 또 다른 측면을 보여주고 있다. 예를 들어 반발, 방어, 적응, 예방으로 차별화될 수 있는 반응철학은 도덕적 또는

---

60) Carroll, B. A.(1979), *op. cit.*

윤리적 의미의 해석보다는 반응의 관리과정에 더욱 많은 초점이 주어
진다. 이 과정에서 계획과 사회예측, 사회적 반응의 조직화, 사회적 활
동의 통제, 의사결정과 기업사회 정책이 포함된다.

위에서 살펴본 사회적 성과모형은 사회적 책임의 개념과 중요한 사회
적 이슈들을 확인시키고 사회적 이슈에 관한 사고를 체계화하며, 동시
에 사회적 성과영역에 있어서의 계획과 진단을 효율적으로 수행하도록
경영자의 시야를 넓혀 준다. 이처럼 사회적 성과를 중시하는 바탕 위에
서 기업은 사회적 반응활동을 보다 잘 수행할 수 있게 되는 것이다.

2. 사회적 반응의 유형

기업의 사회적 반응에는 어떤 유형들이 있는지를 일차원과 이차원으
로 유형화를 해보고 이에 대해 살펴보도록 한다.

1) 일차원적 분류

일반적으로 사회적 반응활동은 단일차원에서 어떤 연속성을 지닌 유
형으로 구분된다.

윌슨(I. Wilson)은 반발, 방어, 적응, 예방의 네 가지의 가능한 반응활
동의 범주를 주장하고 있다.[61] 맥아담(T. McAdam)도 윌슨의 유형과
유사한 반응활동의 범주, 즉 ① 끝까지 싸운다, ② 필요한 것만 한다,
③ 진보적이다, ④ 산업을 선도한다 등을 제시하고 있다.[62]

---

61) Wilson, I.(1975), "What One Company Is Doing about Today's Demands on
   Business," *Changing Business —Society Interrelationships*, Graduate School of
   Management, UCLA.
62) McAdam, T. W.(1973), "How to Put Corporate Responsibility into Practice,"
   Business and Society Review, Innovation, pp.8 — 16.

이들 반응활동의 범주를 하나의 연속선상에서 정리해 보면, 결국 사회적 반응활동을 소극적인 자세인 아무것도 안 하려는 유형으로부터 적극적인 자세인 많은 것을 행하려는 유형으로 나열할 수 있다.

이와 같이 반응활동을 어떤 연속성을 지닌 유형으로 구분하는 것은 규범적인 차원에서 항상 단일차원의 한쪽 끝은 부정적인 것으로, 그리고 다른 한쪽 끝은 긍정적인 것으로 인식된다는 한계를 지닌다.

〈표 10〉 일차원적 사회적 반응 방식의 유형

반 발	방 어	적 응	예 방
끝까지 싸운다	필요한 것만 한다	진보적이다	산업을 선도한다

소극적 -적극적

2) 이차원적 분류

앞에서와 같은 일차원의 유형구분보다는 현실적으로 나타날 수 있는 여러 유형을 보여주는 이차원의 유형구분이 보다 많은 시사점을 우리에게 제공해 준다. 사회적 반응을 이차원으로 분류한 것으로는 반응활동의 범주를 행위동기와 준거집단이라는 두 개의 축을 이용해 다음과 같이 네 가지로 유형화한 것을 대표적인 예로 들 수 있다.[63]

기업의 사회적 기능은 다음의 두 가지 측면에서 구분할 수 있다. 첫째, 기업활동의 중심이 누구이냐 하는 것으로서, 기업의 중심은 소유주인 주주인지 아니면 주주가 아닌 제3자인지의 문제이다. 전통적으로 기업은 주주들의 출자에 의해서 시작되며, 주주들은 기업의 경영진을 선출하게 되고, 이들 경영진은 주주들의 이익, 즉 이윤을 극대화하려는 노력을 해야 하는 단순한 대리인으로서 파악되어 왔다. 따라서 경영진

---

63) Buono, A. F. and Nichols, L.(1985), 「Corporate Social Policy, Values and Social Responsibility」, New York: Praeger Publishers.

이 기업의 이윤을 극대화할 때 기업의 사회적 책임을 다하게 되고 기업행위의 중심은 주주가 된다는 주장을 하게 되며, 이런 주장은 주주모형으로 일컬어지고 있다.

이에 반해 기업의 중심 또는 기업행위가 주주만이 아닌 기업의 이해당사자, 즉 기업이 경제행위를 하게 될 때 영향을 받게 되는 주주, 종업원, 노조, 소비자, 원자재 공급자, 기업이 위치하고 있는 지역사회, 국가, 그리고 특정 또는 공익의 이익집단 등 모두를 위해 이루어져야 한다는 주장이 있다. 이는 기업이 기업주 또는 주주들만의 소유가 아니며, 기업이 소속되어 있는 사회 전체의 이익을 위해 경제행위를 해야 하는 경제주체로 파악하는 관점으로 이해당사자 모형이 되는 것이다.

둘째, 기업의 사회적 책임을 규정하기 위해서는 기업의 경제행위의 동기가 무엇인지를 구분할 수 있어야 한다. 즉 기업이 경제행위를 하는 동기가 자기 이익을 위해 하는가, 아니면 기업이 어떻게 사회에 대한 도덕적 의무를 다하겠다는 동기를 갖는가 하는 문제로 나타난다. 기업은 사회의 책임을 다하는 것이라고 주장할 때, 기업의 경제행위는 이기적인 동기에 머무르게 된다. 그러나 기업은 사회의 산물이기 때문에 사회가 바라는 목적을 위해 기업의 경제행위가 이뤄져야 한다고 주장하게 되면 도덕적인 동기로 기업행위의 동기가 옮겨오게 된다.

위에서 살펴본 기업의 두 가지 측면, 즉 기업의 경제행위의 중심과 동기를 각각 두 가지로 구분하게 될 때, 모두 네 가지의 다른 상황을 얻을 수 있게 된다. 이 네 가지 다른 상황은 각기 기업의 사회적 책임을 표와 같이 생산성 우선주의, 사회봉사주의, 진보주의, 윤리적 이상주의 등으로 구분할 수 있다. 만일 기업행위가 주주를 중심으로 이루어질 때 생산성 우선주의 또는 사회봉사라는 기업의 사회적 책임모형이 나오게 된다.

이에 비해 기업행위를 이해당사자 모형으로 이해하게 될 때는 기업의 사회에 대한 책임은 진보주의 또는 더 나아가 윤리적 이상까지 성취해야 하는 매우 폭넓은 범위에까지 이르게 된다.

이 모형에 따른 네 가지 기업의 사회적 책임모형의 구분 중 생산성 우선주의는 기업의 사회적 역할에 대한 전통적인 견해로서, 기업의 사회에서의 역할을 궁극적으로 경제가치의 생산에 있으며, 이것이 기업이 맡아야 할 책임의 전부라는 주장이다. 이 주장에 따르면 기업의 사회적 책임은 매우 좁게 규정되며, 기업이 생산 활동을 통해 부를 창출하고, 이런 과정에서 기업의 이윤을 극대화하는 것 이외의 어떤 다른 사회참여 행위에 대해서도 반대하게 된다.

'기업의 존재 이유는 이윤창출에 있다'는 주장은 프리드만(M. Friedman)의 유명한 "Business of business is business."라는 말에 의해서 표현이 된다. 즉 법과 사회규범이 인정하는 범위 내에서 기업의 사회적 책임은 최대한의 효율달성에 있으며, 효율이 극대화될 때 이윤이 극대화된다는 주장이다.

이러한 근본주의적 입장은 비교적 명료하게 기업의 책임을 나타내준다. 사실 기업의 본업인 우수한 품질의 제품과 서비스를 생산하거나 효율을 높이는 일은 소홀히 하면서 권력을 등에 업고 치부하거나 투기를 일삼는 기업들한테는 기업의 근본적인 책임을 강조하는 것만으로도 충분하다. 이러한 근본주의적 입장을 적극적으로 해석하면, 기업이 자기의 본분인 경제활동 이외의 사회공헌을 하는 것은 기업의 본분을 망각하는 것이라는 비판도 가능하다. 특히 소유와 경영이 분리되어 있는 기업에서, 주주로부터 경영을 위탁받은 전문경영자가 이익의 일부를 사회단체에 기부하거나 기타 주주의 이익에 위배되는 활동에 비용을 지출하는 경우에 이는 소위 대리인 권한의 남용이라는 비난을 받을 수도 있다.

근본주의적 입장에서는 기업의 자선활동이나 사회기부행위는 정부가 해야 할 일을 대신하는 행위로서 기업의 입장에서 이를 정당화하기 힘들다. 그러나 이러한 효율성 중심의 근본주의적 입장에 대한 비판은 다음의 몇 가지 관점에 의해서 이루어질 수 있다.

첫째, 기업의 효율성 극대화, 즉 이윤극대화는 시장의 효율성을 전제로 한다는 점이다. 불완전경쟁이나 공해와 같은 외부효과가 있는 경우에는 시장의 신호대로 움직이는 기업활동이 사회에 해가 될 수도 있다. 이때 물론 정부가 개입하여야 하나, 정부가 문제를 인식하지 못하거나 또는 인식하더라도 행동에 옮기지 못하는 경우에는 시장실패와 정부실패가 있게 된다. 이럴 경우 기업은 때로 기업에게 불리하지만 사회에 유익한 행동을 하도록 요구받게 된다.

둘째, 더 근본적으로는 기업도 사회 내에서 존재하기 때문에 사회에 대해서 책임이 있다고 할 수 있을 것이다. 예를 들면 유한책이라는 조건으로 주식회사나 유한회사를 설립해서 사업을 영위하는 기업은 사회에서 그만큼 혜택을 받고 있기 때문에 사회에 대해서 무엇인가 유익한 일을 하여야 한다는 것이다.

사실 기업은 사회 내의 인력, 지적자산, 사회간접자본, 법적인 보호 등 여러 가지 혜택을 누리고 있기 때문에 사회의 일원으로서 역할을 하여야만 한다. 다르게 말하면, 기업이 경제활동 등을 하는 데는 자기자본 형태의 모험자본만으로 되는 것이 아니고, 사원, 고객, 공급업자 등의 다른 이해당사자의 투입물도 중요하기 때문에 주주 이윤의 극대화가 기업의 최상의 목표가 될 수 없다는 것이다.

셋째, 기업행위의 중심을 이해당사자로 확대하게 되면, 좀 더 진보주의적인 기업의 사회적 책임의 입장을 갖게 된다. 진보주의에서 규정하고 있는 기업의 사회적 책임은 보다 장기적이고 넓은 의미에서 자기의 이익, 즉 교화된 이기를 기업행위의 지침으로 내세우고 있다. 여기서는 기업은 사회변혁의 주체로서 사회의 신뢰를 얻을 수 있는 환경보존, 자원절약 등과 같은 활동에 적극 참여해야 한다.

이와 같은 직접적인 이윤추구를 위한 생산 활동이 아닌 사회운동에 참여함으로써 궁극적으로는 기업의 장기이윤을 증대시킬 수 있으며, 동시에 정부의 간섭을 배제하고 사회의 신임을 얻을 수 있다는 것이다. 이것은 기업이 자신을 둘러싸고 있는 환경의 변화와 주위에 있는 각 집단들로부터 많은 영향을 받기 때문에 단기적인 이윤추구보다는 장기적인 이윤추구를 위해 경제행위를 수행하는 것이 기업 자신의 이익을 추구하는 방법이 된다.

넷째, 사회 봉사주의란 기업경영의 일차적 책임은 주주에 대한 것이라는 점에서는 생산성 우선주의와 같으나, 기업의 이윤의 일부를 사회에 환원해야 한다는 관점이다. 다르게 표현한다면, 사회가 기업에게 사회공헌 활동을 강요할 수는 없으나, 기업 이윤의 일부를 사회에 환원한다는 것은 박애적인 것이고 도덕적 의무를 다하는 것이라는 입장이다.

위의 진보주의가 기업의 사회공헌 활동을 기업의 기본활동으로 보는 것과는 대조되는 입장인 셈이다. 많은 가족기업이나 특히 비공개기업의 경우에는 기업경영 자체가 외부로 알려져 있지 않고, 기업의 사회와의 접촉도 제한되어 있기 때문에 사회봉사주의적 입장을 갖게 되는 것을 흔히 보게 된다. 어떻게 보면 자선이라는 개념과 통하는 것이 사회 봉사주의라고 할 수 있다.

위의 네 가지 유형들을 비교해 보면 생산우선주의는 기업의 사회적 역할 보다는 경제적 활동에만 치중하며 주로 사회적 비판을 모면하는 수준에서의 방어활동에 주력한다는 특성을 지닌다. 사회봉사주의는 기업의 자발적인 반응행동을 강조하지만 주로 금전적인 기부활동에 주력하는 특성을 나타낸다. 진보주의는 사회적 기대에의 우호적인 순응을 강조하면서 환경변화에의 적응활동에 주력해야 한다고 주장한다. 마지막으로 윤리이상주의는 말 그대로 유토피아적 이상을 실현하려는 관점에서 사회와의 협력적인 행동을 주로 강조한다.

현실적으로도 위와 같은 다양한 반응철학의 유형과 그에 근거한 기업사회정책의 유형이 다양하게 나타날 수 있을 것이다. 그렇다면 기업들은 어떤 반응철학과 기업사회정책을 모범적인 유형으로 삼아야 할 것인가? 이 점에 대해 개별기업들이 처한 상황적 조건을 무시하고 일률적인 해답을 구하기 어렵지만, 환경에 적응하는 중에 보다 창조적인 기업의 역할을 기대해야 한다는 기업의 환경대응방식이 필요하다는 점과 경제적 목적 및 가치 대 사회적 목적 및 가치의 이분법적 대립의

관점에서 벗어나 양자의 상호보완적 관계에 주목하는 다원론적 기업목
적과 가치를 추구해야 한다는 점에서는 이견이 없을 것이다.

제2절 사회공헌활동의 의의와 내용

이제까지 사회적 반응에 대한 특성 및 유형에 대해 살펴보았다. 이제
여기서는 이러한 사회적 반응개념이 보다 실천적이고 구체적인 측면으로
나타나게 됨을 의미하는 사회공헌활동(social activities of business) 또는
사회참여활동(social involvement)의 의의에 대해 알아보기로 한다. 또한
국내기업들의 사회공헌활동 현황을 같이 살펴보기로 한다.

1. 사회공헌활동의 의의

오늘날의 기업들이 지속적으로 성장하기 위해서는 양질의 제품을 생
산하여 판매함으로써 정당한 이윤을 많이 창출해냄과 동시에 사회적인
공헌활동에도 적극적이어서 잠재적인 고객들을 포함한 사회구성원들에
게 좋은 이미지를 가져야만 한다. 여기에서 기업의 이윤창출을 위한 경
제적 기능의 수행과 좋은 이미지를 갖기 위한 사회적 책임 활동의 수행
은 결코 양립할 수 없는 활동이 아닌 조화가 가능한 기업의 기능들이다.
이 두 가지 기업의 기능을 적절하게 조합하여 경영활동을 수행해 나갈
때 기업은 더욱 성장할 수 있는 기반을 조성하게 될 것이다.
기업의 사회공헌활동 혹은 사회참여활동이란 전통적으로 기업의 본
질적인 활동으로 인식되던 경제적 활동에서 한걸음 더 나아가 보다 적

극적으로 사회발전에 기여하고자 하는 사회에 대한 활동을 일컫는다.[64]

기업의 사회공헌활동은 일반사회와의 관계에 초점을 둔 대외적 활동을 함에 있어서 '해서는 안 되는 일'을 소극적으로 하지 않는 것보다는 '하면 할수록 좋은 일'을 긍정적이고 적극적으로 수행하는 것을 말한다.

즉, 사회공헌활동은 사회가 기업에게 기대하는 경제적인 역할 차원을 넘어 보다 적극적인 사회반응차원에서 수행되는 것이며, 기업이 보유하고 있는 자원과 능력을 적극 활용하여 사회와 보다 바람직한 관계를 형성하고자 하는 의도에서 행하여진다고 볼 수 있다.

기업의 사회공헌활동이라는 개념은 사회의 산업화과정에서 발생한 빈곤층의 사람들에 대해 기업이 '자선적 기부활동'을 전개함으로써 생긴 것이다. 세월이 흐르면서 기업의 기부활동영역은 교육·환경·복지 그리고 문화적 활동을 지원하는 것으로 그 범위가 점차 확대되고 있는 추세이며, 이는 기업의 사회공헌활동이 경영외적 활동이 아니라 경영의 중추적 기능으로 인식되고 있음에 기인한다.

따라서 기업의 사회공헌활동은 재정적 기부활동뿐만 아니라 지역사회를 위하여 직접적으로 관련을 맺는 경향이 나타나고 있다. 즉, 직원들이 자원봉사활동에 직접 참여하도록 기업이 유도하거나, 기업의 장비 혹은 공간을 지역사회에 개방하고 대여해 주는 등의 활동이 그 대표적인 사례이다.

이렇게 기업이 사회공헌활동에 참여하는 이유는 크게 두 가지이다.

첫째, 기업이 사회공헌활동에 참여하는 이유는 기업의 사회공헌활동이 기업의 이익과 직접적으로 관련되어 있기 때문이다. 예를 들면, 특정 사회문제 해결을 위해 사회복지시설 및 교육기관에 기부를 할 경우, 이는 기업의 이미지 개선을 통해, 인재확보가 용이해지고 종업원들의 사기진작 등에 직접적 영향을 미칠 수 있다. 그러므로 기업은 "우리 기업에게 현재 이익이 되는 것이 무엇인가"에 따라 공헌활동에의 참여

64) 신유근, 한정화(1990), 「한국기업의 사회참여활동」, 전국경제인연합회 경제사회연구원.

여부와 구체적 전략을 결정하게 된다.

둘째, 기업이 사회공헌활동에 참여하는 이유는 기업도 사회의 구성원이므로 사회를 발전시키는 데에 기여해야 할 책임이 있기 때문이다. 기업의 사회공헌활동이 기업에 즉각적으로 이익을 주는 것이 아니라 할지라도, 전체 사회가 나아짐으로써 반드시 특정 기업에만이 아니라 결국은 모든 기업이 발전할 수 있는 환경이 조성되어 장기적으로는 직·간접적인 기업에 이익이 될 것이다.

여기에서는 기업이 사회공헌활동을 수행할 때에 그러한 공헌활동을 누가 수행해야 하는가의 문제가 제기될 수 있다. 기업이 사회공헌활동을 수행하는 데 있어서 참여활동 본연의 의미를 살리기 위해서는 개별 기업이 직접 참여하는 방식, 기업재단을 통해 참여하는 방식, 그리고 기업연합단체를 통해서 참여하는 방식의 세 가지가 다 필요하다. 따라서 다음에서는 기업의 사회공헌활동의 세 가지 수행주체에 대해서 살펴보기로 한다.

첫 번째는 개별기업 또는 기업가가 직접적으로 사회참여활동을 수행하는 방식이다. 예를 들어, 개별기업이 주체가 되어 문화예술진흥사업에 참여한다든지, 기업가 개인이 자신의 재산을 고아원이나 사회단체에 기부한다든지 하는 방식이 여기에 포함된다. 그런데 이러한 개별 기업의 사회공헌활동에는 제한적일 수밖에 없다.

그것은 기업이 사회참여활동에 지나치게 치중하는 경우 기업 본연의 활동을 소홀히 하기 쉽고, 또한 기업은 사회봉사활동을 전문으로 하는 사회복지기관과는 달리 사회활동에 대한 전문적인 지식을 가지고 있지 않기 때문이다. 그리고 개별 기업의 능력으로 사회공헌활동을 독자적으로 수행하기에는 사회의 기대수준이 너무 높아서 이를 만족시키지 못하는 경우가 많다.

두 번째는 기업 또는 기업가가 기금을 출연한 기업재단을 통해 사회참여활동을 수행하는 방식이다. 개별 기업 또는 기업인이 단독으로 기금을 출현하거나 아니면 관계기업들이 공동으로 기금을 출연하는 방법을 통해 기업재단을 설립하여 전문적으로 사회참여활동을 수행하는 방식이다.

위에서 언급한 바와 같이 개별 기업에 의한 사회공헌활동에서는 제약요건이 많기 때문에 규모가 큰 개별 기업이나 그룹 기업의 경우에는 자회사들끼리 출자하는 방식으로 기업재단을 설립하여 사회참여활동을 수행하는 경우가 있다.

세 번째는 다양한 형태의 기업연합단체를 통해 간접적으로 사회참여활동을 수행하는 방식이다. 예를 들어, 자신이 소속된 업종별 협회, 지역별 협의체, 또는 전국 규모의 기업연합단체가 주체가 되어 사회참여활동을 수행할 경우 필요한 경비나 인력을 지원하는 방식이다. 이에 개별 기업활동을 유기적으로 연결해 재계 전체가 공동으로 사업을 개발·추진하려는 모습이 나타나기도 한다.

2. 국내기업의 사회공헌활동 현황[65]

기업의 사회중시경영을 보다 실천적이고 구체적으로 수행하는 사회공헌활동이 어떤 내용을 가지고 있는지를 국내 기업의 사회공헌활동을 통해 알아보도록 한다. 편의상 5대 그룹과 각 산업별 사회공헌활동을 살펴보도록 한다.

1) 5대 그룹

(1) 삼 성

삼성그룹은 관련 사회공헌 조직인 삼성사회봉사단을 국내 기업 최초로 1994년 창단하고 이를 바탕으로 관계사에 전담조직을 신설하였다.

---

65) 매일경제신문, 2006년 7월 14일, "사회공헌기업" 기사 인용-http://www.mk.co.kr/

이러한 삼성그룹의 사회공헌활동은 시대에 따라 기본 구축기, 질적 발전기, 전략적 사회공헌 기반 조성기 등으로 나누어 볼 수 있다.

1994년부터 1996년까지는 30여개 관계사별 전담조직과 3000여 개의 봉사팀을 확보하는 등 봉사활동 진흥을 위한 기반 구축 시기였다. 민간 구조기관인 삼성 3119 구조단을 창설한 것도 이 시기이다.

질적 발전기에 해당하는 1997년부터 1999년까지는 전문 자원봉사 프로그램을 개발하여 지역 봉사활동을 활성화하였고 국내외 협력단체와 파트너십을 통해 사회공헌의 질적 발전을 꾀하는 모델을 구축하였다.

2000년부터는 관계사별로 대표 사회복지사업을 선정하여 집중 지원에 나서며 전략적인 사회공헌 기반 조성에 나섰다. 임직원 1만여 명이 재난 구호활동에 참여하였으며 농협과 1사1촌 협력, 적십자사와 통합 재난구호협력 등 활동 반경을 점차 넓혀 나갔다.

앞으로 삼성은 현재 78% 수준인 임직원 봉사활동 참여율을 95% 이상으로 끌어올린다는 계획을 가지고 있다. 또한 교육과 보호 자활프로그램이 결합된 복합봉사활동도 추진할 계획에 있다. 즉 전국에 걸쳐 있는 빈곤지역 복지시설, 지자체, 기업 등이 협력 네트워크를 통해 학생 보호는 물론 교육과 부모 일자리 알선까지 지원하는 복합 프로그램을 개발해 지원한다는 것이다.

한편 봉사활동 외에 공익사업도 병행하여 추진하고 있다. 공익사업은 주로 재단(문화, 복지, 호암, 장학, 공익, 언론 등)을 중심으로 정관에 정해진 고유 목적 사업을 추진한다. 문화재단은 문화사업과 기획, 공연, 미술관 갤러리 운영을 맡고 있으며 복지재단은 보육사업과 사회복지 프로그램 지원사업, 효행상 등을 맡고 있다.

이 밖에 계열사별로 재단 사업 이외에 대표 공익사업을 특화해 벌이고 있는데 삼성전자는 저개발국가 교육을 지원하는 사업을 하고 있고 삼성화재는 교통사고 유자녀 돕기 운동을 벌이고 있다. 삼성 SDI는 무료 개안수술을 지원하고 있고 삼성카드는 소외 청소년을 대상으로 하는 푸른싹 가꾸기 캠페인을 벌이고 있다. 삼성 SDS는 소년원생 컴퓨터

교육, 삼성증권은 청소년 증권 경제 교육을 펼치고 있다.

이러한 삼성의 사회봉사활동은 국내 기업들에 있어서 선도적인 역할을 수행하고 있으며 기업의 사회적 책임에 대한 인식이 가장 진일보하다는 점에서 바람직하다고는 할 수 있으나 경제여건에 따른 지원의 부침이 크고 사회의 비판적인 시각에 대한 무마용으로 8000억 원을 기부하는 등 사회봉사활동에 대한 인식이 여전히 다른 선진국의 기업들에 비해 뒤떨어져 있다는 점에서 비판받을 수 있는 여지가 있다.

(2) 현대차그룹

현대차그룹은 '함께 움직이는 세상'이라는 사회공헌활동 슬로건을 내세우고 있다. 기업시민으로서 자동차를 통해 이웃들과 함께 더불어 사는 세상을 펼쳐 나가는 기업이 되겠다는 것이 현대차의 사회공헌 철학이다.

현대차그룹의 사회공헌활동은 자동차 전문기업 답게 '교통안전문화 확산'과 '교통사고 피해자 돕기' 등 크게 두 축으로 나뉜다. 우선 현대차는 2002년부터 안전생활실천시민연합, 어린이안전재단과 공동으로 '어린이 교통안전 캠페인'을 펼치고 있다. 또한 현대차는 불의의 사고로 생긴 교통사고 피해자 돕기 프로그램도 진행하고 있다. 2004년부터 녹색교통운동이 진행하고 있는 교통사고 피해자 의료비 지원사업과 교통사고 유자녀 장학금 지원사업을 후원하고 있다.

이밖에 현대차그룹은 긴급 재난구호 전문 사회봉사단을 발족해 운영하고 있다. 2005년 11월 구성된 사회봉사단은 전문인력으로 양성된 계열사 임직원 2000여 명이 태풍이나 수해, 지진 등 국가 재난이 발생했을 때 현장에 투입돼 기존 계열사 봉사단과 함께 구호활동을 벌인다.

이러한 현대차그룹의 사회봉사활동은 그 범위가 기업의 제품과 연관 있는 분야에 한정되어 있으며 비교적 사회봉사활동의 시작시기가 늦다는 점과 사회봉사활동에 투자하는 시간과 자본의 양이 다른 그룹에 비해 작다는 점이 한계점으로 지적된다.

(3) LG그룹

LG의 사회공헌활동은 5개 공익재단이 진두지휘한다. 복지, 문화, 교육, 환경, 언론 등 분야별 전문 재단에서 수혜자들에게 체계적이고 전문적인 지원을 펼치고 있다.

LG복지재단은 전국 지방자치단체에 500여 평 규모의 복지관을 건립하여 기증하는 복지관 건립 사업을 펼치고 있으며 거동이 불편한 독거노인과 장애인이 목욕할 수 있도록 지방자치단체에 이동목욕차량을 기증하는 이동 목욕차량 지원 사업도 전개하고 있다.

또한 LG 연암문화재단은 대학원생 장학금 지급과 교수 국외 연구비 지원 등 장학사업을 맡고 있다. 동시에 LG아트센터를 통해 공연작품을 후원한다. 그리고 LG상록재단은 조류보호사업, 초등학교 우리꽃밭 조성사업, 산성우 피해 산림회복사업, 등산로 나무이름 달아주기 사업 등 다양한 환경관련 공익활동을 펼치고 있다.

또한 LG는 임직원이 내는 기부금만큼 회사에서도 후원금을 내는 '매칭그랜트'제도를 통한 참여형 사회공헌활동을 실천하고 있다. 이 밖에 LG전자는 주니어 과학교실, 이동 전자교실 등 청소년을 대상으로 한 사회공헌활동에 적극적이며 LG화학도 회사와 임직원이 함께 조성하는 사회공헌기금인 '트윈엔젤기금'을 활용하여 사업장별로 소년소녀가장 지원활동을 펼치고 있다.

이러한 LG그룹의 사회공헌활동은 앞서 언급한 바와 같이 재단을 통해 체계적인 사회봉사활동을 펼치고 있으며 그 범위가 광범위하다는 점이 특징이라고 할 수 있다.

(4) GS그룹

GS그룹에서는 GS칼텍스와 홈쇼핑을 중심으로 사회공헌활동을 펼치고 있다. '에너지로 나누는 아름다운 대한민국'을 캐치프레이즈로 사회적 책임을 실천해 온 GS칼텍스는 최근 1000억 원 규모의 공익재단을 출범할 것을 발표하였다. 현재 재단 설립 실무 절차를 진행 중인 GS칼텍스는 2015년까지 매년 100억 원씩 1000억 원을 출연하여 인재 육성과 저소득층 복지사업 등에 쓸 계획을 가지고 있다.

특히 GS칼텍스는 도서지역과 소외계층에 대한 자매결연 장학사업 등은 다른 기업들의 사회공헌활동과 비슷한 내용이지만 하천과 바다 등 정화활동에 총 780여 명의 회사 임직원이 참여하는 등 환경 분야에 사회공헌활동을 중점적으로 펼치고 있는 것이 눈에 띤다.

다음으로 GS홈쇼핑의 사회공헌 테마는 '문화 나눔'이다. GS홈쇼핑은 최근 사회복지단체들과 함께 문화 공익사업인 '무지개 상자' 프로젝트를 시작하였다. 이 프로젝트는 빈곤 아동들이 어려운 환경에서도 따뜻한 심성을 키울 수 있도록 자금을 투입하여 정서함양을 지원하는 것이다.

이밖에 GS홈쇼핑은 동호회 차원에서도 사회공헌활동을 활발하게 펼치고 있다. 사회공헌 동아리 '라임오렌지'가 2005년 발족하여 현재 전체 임직원 중 10%에 이르는 100여 명이 회원으로 활동하고 있는 것이 그 예이다.

(5) SK그룹

SK(주)의 사회공헌활동은 일자리 창출과 소외계층에 대한 지원이 기본 방향이다. 여기에 맞춰 SK(주)는 재정적인 지원을 하면서 장애인과 노인, 청소년에 대한 자원봉사활동을 펼치고 있다. 일자리 창출사업은 NGO가 함께 저소득층 자녀를 위한 보육시설을 설치하고 지역아동센터의 여성 일자리 파견사업을 벌이는 구체적 사업으로 발전되고 있다.

특히, SK(주)가 기업 이익을 사회에 환원한다는 차원에서 조성한 친환경공원인 울산대공원은 SK그룹의 사회공헌활동의 대표적인 사례로 손꼽힌다. 110만평 규모 용지에 총 1020억 원을 들여 2006년 4월에 완공된 울산대공원은 착공한 지 10년 만에 2차 개장을 완료하고 울산시에 무상 기부했다.

또한 SK(주)에는 자원봉사단인 'SK주식회사 천사단'이 있다. 자발적인 참여로 구성된 '천사단'은 현재 전 임직원의 40%에 이르는 2100여 명 규모이다. 이들의 1인당 자원봉사 시간은 평균 17시간, 총 3만여 시간에 달한다.

2) 산업별 사회공헌활동 현황

(1) 철강산업

① 동국제강

1975년, 동국제강 창업자인 고 장경호 회장은 당시 돈으로 사재 35억원(현 시가 2000억원)을 사회에 헌납하였고 그 기금은 전액 불교문화 진흥에 쓰였다. 또한 1996년 동국제강은 주력 사업장을 부산에서 포항으로 이전하면서 생긴 특별이익금 중 100억 원을 출연하여 공공재단인 송원문화재단을 만들었다. 이 재단의 활동 가운데 주목되는 것은 '이공계 살리기'운동이다. 주로 이공계 학생들에게 장학금을 지급하며 과학인재 양성에 심혈을 기울이고 있다.

또한 송원문화재단은 2005년 25억 원을 별도로 출연하여 송원아트센터를 만들었다. 송원아트센터는 문화계 지원을 모토로 각종 전시회를 개최할 예정이다.

② 포스코(POSCO)

포스코는 장애인 봉사활동뿐 아니라 소외계층 지원, 해외봉사, 메세나 지원 등 다양한 사회공헌활동을 펼치고 있다. 2005년에는 808억 원을 사회공헌활동에 투입하였다. 이러한 사회봉사활동의 중심에는 포스코 봉사단이 있다. 이 봉사단을 통해 체계적이고도 지속적인 사회공헌활동을 펼친 끝에 임직원 참여율이 75.7%에 달하게 되었다. 이는 국내

기업 중 최고의 수준이다.

포스코의 사회공헌 활동은 4가지의 큰 틀 속에서 진행되고 있다. 첫째는 장애인 자립 기반 조성, 삶의 질 향상이고 둘째는 일자리 창출이다. 셋째는 지역 저소득층 주거환경 개선이고 마지막 넷째는 해외봉사활동이다. 이 같은 봉사활동이 보다 넓게 정착되기 위해서는 무엇보다 사람이 필요함을 인식하고 포스코는 이러한 차원에서 시민단체를 적극 활용하는가 하면 대학생 자원봉사자 양성에도 주의를 기울이고 있다.

(2) 유통산업

상품과 고객을 동시에 상대하는 유통업체들은 비교적 일찍부터 사회공헌활동에 눈을 떴다. 상대적으로 사회공헌활동의 폭이 넓을 뿐 아니라 기업브랜드 가치 상승과도 이러한 사회공헌활동이 직결되기 때문이다.

① 롯 데

롯데백화점은 주로 환경에 초점을 두고 있다. 지난 2004년 환경가치경영을 선포하고 내부조직, 매장, 사회환경 세 분야에서 환경혁신을 실천하고 있다. 우선 지난해부터 전 직원을 대상으로 20시간 과정의 사이버 환경경영교육을 실시해 의식 개혁과 행동변화를 유도하고 있다. 매장을 친환경 공간으로 바꾸고 노원점과 일산점에는 옥상 생태공원을 설치하였다.

또한 롯데백화점은 유통업체로는 처음으로 환경재단의 '만분클럽'에 가입, 매출액의 1만분의 1을 환경기금으로 사용하고 있다. 이 밖에 상품권 판매액의 일정액을 환경기금화해 어린이 환경교육, 조류보호활동 등을 위한 기금을 조성하고 있으며 현재 전국 22개 지점에 26개 사회봉사동호회를 운영 중이며 6000여 명의 회원을 보유하고 있고 2008년까지 단계별로 환경가치경영을 지속적으로 추진한 계획에 있다.

② 현 대

현대백화점은 '조용한' 사회공헌활동을 벌이고 있다. 주요 대상은 어린이 위탁시설이며 '파랑새를 찾아 희망을 찾아'라는 주제로 약 1만 명의 불우아동을 위한 다양한 지원활동을 벌이고 있다. 2005년에는 약 1만6000명이 참여, 직원 1명당 3-4회 봉사를 벌였고, 전국 11개 점포별로 5개의 봉사 동아리가 자생적으로 조직되어 있다.

또한 현대백화점은 이용고객이 많은 백화점에서 효과적으로 할 수 있는 사회공헌활동이라는 점에서 백화점 기부문화를 선도하는 데에도 기여하고 있다. 직원들이 급여에서 1000원 미만의 자투리 금액을 기증하면 회사 측이 그 금액만큼을 더해 사회복지단체에 기부하고 있다. 또한 2006년에는 100억 원의 기금을 출연하여 복지재단을 설립해서 공부방 지원, 결식아동돕기 등 아동복지 사업을 체계적으로 추진하고 있다.

③ 신세계

신세계 백화점은 지난 1999년 윤리경영을 바탕으로 한 신경영이념 선포식을 계기로 다양한 사회공헌활동을 벌이고 있다. 현재 신세계는 세전 이익의 1%를 사회공헌활동에 사용하고 있다. 점포별로 임직원 사회봉사활동 단체를 구성하고 한 달에 한 번 이상 보육원과 독거노인 지원 등 다양한 사회봉사활동을 실천하고 있다.

또한 신세계는 한시적인 봉사활동보다는 개인에 의한 장기적이고 보다 광범위한 사회봉사활동을 지향한다. 2006년 3월부터 시작한 '개인기부 캠페인'도 같은 맥락에서의 사회봉사활동에 해당된다. 이는 임직원 한 사람이 한 달에 2000원을 기부하는 1계좌부터 참여할 수 있는데 첫 달에만 8000여 명이 참여하여 1억 3000만 원의 기금을 조성하였다. 이렇게 조성된 기금은 자매결연 어린이 지원과 난치병 치료에 절반씩 쓰이고 있다.

(3) 금융산업

① 국내은행

은행들이 불우이웃 돕기, 장애우 지원, 헌혈 등 다채로운 사회봉사활동에 참여하고 있다. 최근 기업의 사회적 책임을 강조하는 사회 분위기와 맞물려 단순히 사회환원이나 자원봉사 수준을 넘어 '지속가능한 경영' 수단으로 사회공헌활동을 활발하게 진행하고 있다.

신한은행은 최근 '사랑의 헌혈운동' 행사를 벌여 은행 임직원 등 1500여 명이 이에 참여하였다. 또한 국민은행은 1998년 만들어진 'KB 사회봉사단'을 최근 확대 개편하면서 노인과 장애인 시설에 대한 봉사와 무료급식 활동 등을 펼치고 있다.

또한 우리은행은 최근 '아름다운 가게와 함께하는 아름다운 토요일'이란 이웃나눔 행사를 열었다. 그리고 2003년부터 직원 자체 모금 프로그램인 '우리사랑기금'을 조성해 사회복지시설 지원과 은행 내 봉사활동 지원 등에 사용하고 있다.

하나은행은 직원들의 1000원 미만 자투리 돈인 한마음기금을 5개 사회단체에 전달하고 있으며 산업은행은 국책금융기관으로서 '신용불량자 자활', '양극화 해소' 등 정부 정책에 부응해 사회연대은행과 협력 사업을 전개하고 있다.

위에서 언급한 것과 같이 국내은행들은 그 동안 은행마다 개별적으로 사회공헌활동을 수행해 왔지만 최근 은행연합회를 중심으로 체계적인 사회공헌활동을 통해 은행의 이미지를 높이고 지속적인 수익 창출로 이어지도록 하기 위해 은행들의 사회공헌 가이드라인을 발표하고 사회공헌 보고서 표준안을 제정해 은행별 실적을 공개할 예정에 있다.

② 보험회사

국내 보험회사의 사회공헌활동들을 간략하게 살펴보면 다음과 같다.

우선, 삼성생명은 1사 120촌 농어촌 마을 자매결연을 실시하고 저소득층 산모도우미들을 지원하고 있으며 여성가장 창업자들을 지원하고 보육원 출신 대학생들에게 장학금을 전달하고 있다. 또한 대한생명은 총 3만 명 규모의 '사랑모아봉사단'을 구성하여 사회공헌활동을 펼치고 있으며 교보생명은 여성가장에게 일자리를 제공하고 저소득층에 무료간병활동을 파고 있으며 ING생명은 유니세프와 함께 전 세계 낙후지역에 대한 교육환경 개선 캠페인을 실시하고 있다.

또한 알리안츠생명은 1995년부터 선천성 심장병 어린이 무료수술지원 사업을 펼치고 있으며 금호생명은 전 직원들의 총 급여 0.1%를 기금으로 적립하여 사회봉사활동을 하는 데에 사용하고 있다.

그밖에 삼성화재에서는 안내견 학교를 운영하고 있으며 LIG손해보험회사는 약 100여개의 봉사단이 정부의 손길이 미치지 못하는 부분에 대한 사회봉사활동을 수행하고 있다.

3. 국내기업의 사회공헌활동에 있어서의 문제점[66]

국내에서 기업의 사회공헌활동에 대한 인식이 확산되기 시작한 것은 미국, 유럽, 일본과 같은 선진국에 비해 비교적 최근의 현상이라고 할 수 있다. 따라서 국내기업의 사회공헌활동에 대한 경제주체들의 인식은 여전히 매우 미약한 수준이다.

1) 비자발적 차원의 사회공헌활동

1980년대 들어 국내기업들의 재단 설립이 증가하는 등 기업의 자선활동에 대한 인식이 확산되기 시작하였지만, 이는 주로 기업에 대한

---

66) 이상민, 최인철(2002), 앞의 논문, pp.43－49.

사회적 비판에 대응하기 위한 것이 주요 목적이었기 때문에 사회공헌 활동이 자발적이기보다는 사회적 압력에 의해 마지못해 참여하는 경향이 주를 이루는 형태였다. 즉, 1980년대 들어 소득분배의 격차와 副의 정당성에 대한 문제제기가 본격화되고 노사대립, 환경문제 등이 사회적으로 이슈화되면서 기업들도 사회공헌 활동의 필요성을 인식하게 된 것이다.

그러나 1980년대 전반까지만 해도 기업재단의 사업내용은 대부분 장학사업이나 학술 및 문화 활동 지원과 같은 기부활동에 초점이 맞추어져 있었다. 이는 1980년대 후반까지 집권한 군부의 권위주의 정권 하에서 기업들이 자신들의 이해관계를 보호하고 외부의 기업환경을 스스로 통제하기 위한 것이었음을 보여주는 것이다.

국내에서 사회공헌활동의 중요성이 본격적으로 강조되기 시작한 시기는 1990년대 이후라고 할 수 있다. 국내적으로는 각종 세금 탈루, 정치인들과의 비자금 사건 등으로 기업의 사회적 책임에 대한 비판이 증가하였고 한편으로는 기업의 규모가 증대되고 활동영역이 확대되면서 사회복지체계에서 기업의 역할이 재조명되기 시작되었다. 대외적으로도 기업들의 해외진출이 증가하면서 지역사회와의 커뮤니케이션을 활성화하기 위해 기업의 사회공헌활동이 필요하다는 기업들의 인식도 증가하였다.

이에 따라 사회공헌활동을 수행할 전담 부서를 신설하는 기업들이 증가하고 그 영역도 단순한 금전적 지원에서 기업이 보유하고 있는 경영 노하우, 기술력, 인력을 이용한 사회봉사활동으로 점차 확대되는 경향을 보였다.

특히, 1993년-1995년 사이에는 국내기업들의 기부금 총액이 크게 증가하였다. 그러나 경기불황이 본격화된 1996년에는 기업들의 기부금 총액이 약 25% 감소하였으며 1998년에도 전년대비 약 25% 감소한 1조 4천억 원 수준에 머물렀다. 이러한 현상은 현재까지도 국내기업들의 사회공헌활동이 경기상황에 따라 민감하게 영향을 받을 수밖에 없는 매우 취약한 구조로 구성되어 있음을 의미하는 것이다.

2) 성과에 있어서의 비효율성

국내기업들은 경영성과를 논의하고 남은 다음의 잔여분에 해당하는 것을 사회공헌활동이라고 규정하는 경향이 있다. 이는 기업의 사회공헌활동을 부가적인 경영 외적인 활동으로 간주하여 기업 여유자원의 재량적 기부, 또는 가진 자의 자선활동이라는 인식이 지배적이기 때문이다.

따라서 기업의 경영전략 수립 시에도 사회공헌활동은 부차적인 요소로 간주되어지는 경향이 있으며, 이는 사회공헌활동에 투자와 마케팅 개념이 포함되지 않게 되어 자선활동 예산의 책정과 집행에 있어서 비효율성의 문제가 발생하는 결과를 초래한다.

국내 대기업들은, 특히 재벌그룹의 경우, 문어발식 경영으로 인하여 계열사별로 많은 업종에 진출하여 있다. 따라서 미국의 사례처럼 한 기업의 주력업종과 밀접히 연관된 분야의 비영리조직을 지원하기에는 계열사 간의 경계선이 불분명하다. 따라서 국내 재벌기업의 경우 기존의 그룹 차원의 기부와는 별도로 계열사별로 특화된 기부가 동시에 이루어지고 있는 실정이다.

그 동안 대부분의 국내 재벌그룹들은 공익재단을 운영하여 왔다. 전경련에 따르면 국내 기업들이 설립한 70개 기업재단의 총 자산 규모가 2조1백3억 원에 이른다. 또한 국내 149개 기업들이 수재의연금이나 불우이웃돕기 성금 등으로 지출한 돈이 1998년의 경우 3천3백27억 원에 이르렀다. 그럼에도 불구하고 사회로부터의 냉담한 반응은 별반 달라지지 않고 있다.

이는 국내 기업들의 부정적인 사건연루와 같은 기업차원의 잘못으로 인한 부정적인 시각이 존재하기도 하지만 한편으로는 사회공헌활동을 경영활동으로 인식하지 않고 방어적인 자선전략으로 일관함에 기인한 것일 수도 있다. 결국 돈은 돈대로 쓰면서 얻는 것은 적은 비효율성이

문제점으로 대두되는 것이다.

이는 미국기업들의 인도주의적 직접투자 활동이 사회공헌활동에 투자개념을 접목시켜 결과적으로 기업의 장기적 이익 확보를 지향한다는 점에서 볼 때 시혜적 자선행위에 익숙한 국내기업들에게 시사하는 바가 크다 할 수 있다.

3) 사회공헌활동 촉진제도의 미비

국내기업의 사회공헌활동은 제도적 인프라보다는 기업 소유주의 이미지 제고 차원에서 이루어진 점을 부인하기 어렵다. 이는 기업 그 자체를 소유주와 동일시하는 인식이 일반화되어 있기 때문이다. 이러한 상황에서 국내기업의 소유주들은 기업자선에 대해 개인적 성향에 따라 각기 다른 태도를 보여 왔다. 일부는 극히 드물지만 선진 외국기업보다 더 적극적으로 사회공헌활동에 참여해왔고, 다른 일부는 기업자선 활동을 애써 외면하기도 했다. 이에 따라 사회공헌활동에 적극적이었던 개별 기업은 일시적으로 사회로부터 긍정적 이미지를 얻는데 성공했을지는 몰라도 기업군 전체에 대한 국민들의 이미지는 크게 향상되지 못했다.

따라서 기업 소유주의 이미지 제고 차원의 사회공헌활동은 기업 이미지 제고 차원의 활동보다 결과가 미미할 수밖에 없고, 다른 한편으로 개별 기업 이미지 제고 차원의 활동은 전체 재계의 이미지 제고 차원의 활동보다 사회적 정서를 개선시키는데 미약할 수밖에 없다. 결과적으로 개별 기업의 입장에서는 적지 않은 비용을 쏟아 부었음에도 불구하고 사회공헌의 결과는 해당 기업에게로 돌아오지 않는 결과를 낳았다.

기업 소유주의 이미지 개선 차원의 사회공헌활동은 특히, 경기 침체기나 소유주가 바뀌게 되는 경우 그 부침이 심할 수밖에 없다. 1997년 외환위기는 많은 수의 기업을 도산시켰고 이 와중에서 기업의 소유주 또한 상당수가 바뀌었다. 따라서 기업경영 자체가 어려워짐에 따라 기업 소유주의 이미지 제고 차원 중심의 사회공헌사업도 예산 삭감 및 기구축소의 일차대상이 되었다. 특히 기업재단의 대규모 기금이 적립되어 있지 않아 매년 예산에서 일부분을 지원해 왔던 기업들의 경우 사회공헌사업 지원에 대한 대폭적 감축이 이루어지기도 했다.

한편, 국내기업의 경우 회사 내에 기부나 자선활동을 촉진하는 다양한 제도들을 갖추고 있지 않다. 전경련 조사에 의하면 1998년 말 현재 조사대상 147개 기업 중 12.8%만이 기업 내 자원봉사자를 표창하는 볼런티어 활동자 표창제도를 도입하고 있었고, 자원봉사활동을 희망하는 직원들을 등록시켜 등록자에게 관련정보를 제공하는 볼런티어 활동자 등록제도는 응답기업 중 10.1%만이 도입한 것으로 나타났다.

더욱이 자원봉사활동의 참여기간에 대해 유급휴가를 제공하는 제도인 볼런티어 휴가제도와 장·단기 자원봉사활동의 참가와 관련해 휴직을 인정하는 볼런티어 휴직제도의 도입률은 각각 4.7%와 1.4%로 소수에 불과하였다.

이러한 기업 내 사회공헌활동의 촉진제도 미비는 직원들의 사기에 큰 영향을 미칠 수 있다. 직원들이 직접 참여하는 사회공헌활동보다 회사의 이름으로 행해지는 기부 행위는 자선활동에 대한 조직 구성원들의 무관심으로 이어지기 쉬우며 이는 다시 사회공헌 전담부서의 고립화로 피드백 되는 결과를 초래하게 된다.

4) 전문인력 부재

국내기업의 경우 일부 대기업을 제외하면 회사 내에 전문적인 사회공헌 담당부서를 두고 있는 경우가 매우 드물다. 또한 기업 중역들의 인적자원 봉사활동의 부재는 국내기업들이 가장 취약한 부분 중 하나이다. 일부 기업에서 종업원들의 사회봉사를 격려하고는 있지만 정작 전문지식을 갖춘 중역들의 경영 노하우가 비영리조직의 운영에 보탬이 되고 있지 못한 상황이다.

　또한 국내 대부분의 기업에서 자선과 관련한 통합시스템을 운영하고 있는 기업을 발견하기 어려운 게 현실이다. 전국경제인연합회 조사에 의하면 1998년 말 현재 조사대상 147개 기업 중 16.9%만이 사회공헌 활동에 관한 기본방침을 경영방침 등에 명문화하고 있었고, 전담부서의 설치 또는 전담자를 지정한 기업은 전체의 22.3%이지만 그나마 일방적인 기업홍보 차원에 머무르는 경우가 많다.

　한편 마케팅 개념의 부재는 사회공헌 담당부서가 회사의 이익과 관련 없는 한직 부서라는 선입관에 의해 구성원의 소외감을 낳고 있다. 결과적으로 회사 내에서 사회공헌 담당부서의 위상이 他부서에 비해 낮게 책정되고 他부서와의 긴밀한 공조관계 없이 고립되어져 운용되고 있는 실정이다.

　결과적으로 사회공헌 전담부서의 고립화는 他기업의 담당 전문인력과의 네트워크 형성에 부정적인 영향을 미치게 마련이다. 전문가들로 이루어진 네트워크의 부재는 사회공헌에 대한 기업간의 정보교류 부재를 낳고 기업 상호간의 선의의 경쟁을 통한 자극을 기대하기 어렵다. 따라서 기업 사회공헌활동의 최전선에서 일하는 이들보다 대학과 같은 기업외부 전문가의 시각이 더 우대 받는 모순이 존재한다.

제2부 기업윤리와 사회적 책임

21C는 윤리경영의 시대이다. 산업기술의 발전과 정보화의 진전은 풍요로운 삶과 컴퓨토피아와 같은 희망찬 미래의 꿈을 갖게 해줌과 동시에 새로운 윤리적 문제를 낳게 되었으며, 정보화의 진전과 국제화의 거대한 변화의 물결은 새로운 경제활동의 패러다임과 정치·법률·경제·문화 등 이질성에 기인된 제반 문제들을 사회정의를 향한 다양한 요구들 앞에 현실적으로 수용되게 하고 있다. 이제 윤리경영의 문제는 세계화로 인해 세계의 모든 기업들에게 요구되는 사항이며, 반드시 따라야 할 필수적인 사항이다. 이와 같은 문제의식을 기반으로 해서 변화하는 기업환경에 따른 기업윤리에 대해 살펴보고 기업윤리 수준의 제고를 위한 여러 방안들을 수립해 보도록 한다.

제 4 장

변화하는 기업환경과 기업윤리

최근 기업윤리 관련 문제가 사회와 기업경영의 중요한 문제로 부각되고 있는 가운데 많은 기업들이 윤리강령을 선포하고 이를 실천하고 있다. 전국경제인연합회가 윤리경영과 불법 정치자금 지급을 거부하는 성명서를 발표하였고, 산업자원부는 2003년 1월 '기업의 윤리경영체제 강화 방안'을 수립해 2004년까지의 활동계획을 발표하고 이를 실행에 옮겼다.

왜 이렇게 기업윤리가 문제시되고 중요한 문제로 인식되고 있는 것일까? 그것은 한마디로 국내외에서 기업의 경영환경이 윤리적인 측면을 강조하는 상황으로 크게 변화하고 있기 때문이다. 따라서 이번 장에서는 국내외의 기업환경의 변화와 기업윤리에 대해 살펴보고 기업윤리의 개념과 내용에 대해 알아보도록 한다.

제1절 국내외 기업환경의 변화

1. 국내 기업윤리 환경

우선 국내적으로 1997년 말 외환위기와 관련한 대기업의 연쇄부도, 대우그룹의 분식회계 등의 비리사건을 거치면서 지배주주와 경영진에 의한 기업지배가 일반주주와 사회의 이익과 대립한다는 인식이 점차 확대되면서 이를 개선하자는 움직임이 형성되었다. 또한 종업원들도 삶의 질을 중시하고 자랑스럽고 명예로운 직장을 선호하게 되면서 기업 윤리의식이 종업원의 사기진작에 큰 영향을 미치게 된다는 것을 인식하기 시작하였다.

기업측면에서도 부실공사에 의한 성수대교 붕괴, 페놀 유출사건 등을 겪으면서 비윤리적 행위로 인한 손실이 기업의 존립을 위협할 정도로 막대하다는 것을 다시금 인식하게 되었다. 특히 2003년 1월 발효된 부패방지법과 '부패방지위원회'의 출범, 같은 해 5월 시행된 '공직자윤리강령'은 공직자는 물론 정부와 거래하는 기업의 불법 부패행위에 대한 처벌을 규정하고 있어서 개별 기업이 윤리경영을 할 필요성이 한층 강화되기에 이르렀다. 이에 대한 하나의 예로 2003년 11월 전국경제인연합회가 발표한 윤리경영의 실태 조사결과를 요약·정리해보면 다음과 같다.

□ 국내기업의 윤리경영도입 정도에 대한 실태조사[1]
산업자원부는 한국의 기업문화에 적합한 윤리경영 평가모델 개발에 앞서 3년 가중치 평균 매출액을 기준으로 국내 50대 기업을 선정하고

---

1) http://www.mocie.go.kr/산업자원부 산업정책과 보도자료에서 인용, 2003. 1. 3.

이들 기업들을 대상으로 2002년 9월부터 2002년 10월까지 설문조사를 실시하였다.[2]

여기에서 국내 50대 기업만을 설문조사 대상으로 선정한 이유는 이 조사가 한국 대표기업의 윤리경영제도 도입의 수준을 파악하는 것이 주목적이었기 때문이었다. 주요 조사내용은 기업의 윤리경영체제, 즉 윤리강령, 윤리준수 프로그램, 윤리교육, 내부윤리감사, 윤리담당에 대한 항목이 그것이다.

(1) 실태조사 결과

이 실태조사의 결과를 살펴보면, 응답기업 28개사 중 86%가 기업윤리헌장을 보유하고 있는 것으로 나타났으며, 이중 48%가 비정기적으로 윤리헌장을 수정하였으며 32%는 한 번도 윤리헌장을 수정하지 않았다고 응답하였다.

또한 응답기업의 87%가 윤리경영의 필요성을 인식하는 등 엔론·월드콤 등의 회계부정 사건, OECD 부패방지협약체결 등 사회 환경 변화로 윤리경영의 중요성에 대한 인식은 강화되고 있는 것으로 나타났다.

하지만, 준수시스템에 있어서 응답기업의 43%만이 전일(全日) 근무 윤리담당관이 있는 것으로 조사되었으며, 윤리담당 파트타임을 수행하고 있는 기업은 57%로 조사되었다.

또한 윤리부서의 규모에 있어서 5명 미만이 45%, 윤리위원회 설치는 30%에 그쳤으며, 응답기업의 57%가 윤리수준 평가에 있어서 시작단계라고 응답함으로써 아직은 윤리경영시스템이 정착되지 못한 것으로 밝혀졌다. 또한 정부의 윤리경영 지원방법으로 조세감면, 처벌경감 등 인센티브 부여를 선호한 응답이 93%에 이르렀다.

이에 산업자원부는 국내기업들에게 윤리경영 성적을 자체 진단할 수

---

2) 여기에서 국내 50대 기업만을 설문조사 대상으로 선정한 이유는 이 조사가 한국 대표기업의 윤리경영제도 도입의 수준을 파악하는 것이 주목적이었기 때문이었다.

있도록 평가모델 및 지표를 보급하기로 하였으며, 전경련은 이 모델을 보완하여 여타 경제단체, NGO, 학계, 언론계 등과 함께 기업에 대한 윤리경영 성적을 평가하고 윤리경영 우수기업을 선정·시상하는 안을 검토하기로 하였다.

(2) 실태조사결과가 주는 시사점

첫째, 최근 사회 환경의 변화, 엔론과 월드콤 등 회계부정사건, OECD 부패방지협약 체결 등 일련의 사건들로 인해, 투명하고 건전하지 못한 기업은 장기적으로 성공할 수 없다는 인식이 확산되고 있다.

둘째, 윤리경영시스템이 빠르게 확산되고 있으나, 적극적 활용에는 아직 못 미치고 있다고 조사되었다.

셋째, 윤리담당자들의 사회적 책임의 필요성에 대한 인식이 제고됨에 따라서, 사회적 책임을 업무의 한 분야로 추가할 필요가 절실한 것으로 나타났다.

넷째, 다수의 기업이 국제표준화기구(ISO)에서 진행하고 있는 윤리경영 표준화 작업에 대해 인지하고 있고 이들 중 대부분이 '국가 및 문화적 차이 고려'의 필요성을 강조하였다.

다섯째, 윤리경영에 대해서 정부는 인센티브 제도를 통해서 기업의 자율적인 윤리경영도입을 지원하기를 원한다고 조사되었다.

(3) 윤리경영 도입을 촉진하기 위한 활용방안

먼저 기업차원에서의 활용방안을 살펴보면, 첫째, 핵심역량으로서 윤리경영은 기업경쟁력 구성항목 중에서도 지속가능한 성장의 원천이다. 기업은 본 모델을 통하여 스스로 모니터링 함으로써, 미래 윤리경쟁력 향상을 위한 적절한 대비책을 찾을 수 있을 것으로 기대되어진다.

둘째는, 윤리경영 도입에 있어서 초기단계에서 불가피한 혼선을 줄이고 Best Practice에 부합하는 기업윤리관행을 도입할 수 있도록 위의 실태조사에서의 결과들이 지침서로서 활용될 수 있을 것이다.

다음으로 연구원 차원에서의 활용방안을 살펴보면, 첫째는 현재 진행되고 있는 윤리경영시스템 표준화 작업에서 한국기업의 현황을 알림으로써 한국 고유의 시장상황을 표준화작업에 반영시킬 수 있을 것으로 기대된다. 둘째는 실제 기업평가대상으로 평가함으로써, 모범기업을 발굴하여 세상에 알리고, 후발기업에게 성공사례를 제시할 수 있을 것이다.

마지막으로 정부 차원에서의 활용방안은 첫째, 기업윤리는 자발적 성격이 강하므로, 기업이 스스로 윤리경영을 도입할 수 있는 환경조성이 관건이다.

이런 관점에서 책임경영이 기업의 경쟁력과 지속가능한 개발에 기여한다는 구체적 근거확보가 윤리경영을 확산시키기 위한 가장 효율적이고 최선의 방법이라는 것을 인식하여 이와 관련연구를 적극 지원해야 할 것이다.

둘째, 윤리경영관련 지식 및 인식을 향상시키기 위한 민간주도의 기업 및 이해관계자 훈련과정 및 훈련자료 개발에 큰 관심을 가져야 할 것이다.

셋째, 윤리경영의 경험과 모범관행을 교류할 수 있는 제도를 도입하는 데 앞장서야 할 것이다. 특히, 현재 운영 중인 모범관행 및 사례교류를 위한 포럼 등 모임을 지원하여 교류의 효율성을 높이는데 기여해야 한다.

넷째, 중소기업의 윤리경영 도입장려가 필요하다. 윤리경영도입에 필요한 재원이나 인력이 부족한 중소기업이 최소한의 비용으로 윤리경영을 도입할 수 있도록 지원을 강화해야 한다. 예를 들어, 발간자료나 온라인 모범사례 데이터베이스를 구축하여 중소기업에게 도움이 될 만한 모범사례 및 관행 자료제공이 시급하다.

이상에서 살펴본 바와 같이 국내 기업윤리 환경을 요약하자면 윤리 경영 도입에 대한 인식은 어느 정도 확산이 되어 있으나 실제 이를 도입하여 실천하는 데 있어서는 아직 미미한 수준에 머물러 있다고 할 수 있다. 하지만 최근 세계경제가 통합화되어 가고 있는 상황인 점을 감안할 때 더 이상 기업들의 윤리경영 도입과 실천은 미루어져서는 안 되며 시급히 국내 기업들이 이를 도입하여 실천하여 국제기업들과의 경쟁에서 손실을 입지 않도록 정부와 기업, 사회 모두에서의 노력이 필요하다고 할 수 있다.

2. 국제 기업윤리 환경[3)]

세계무역기구(WTO)의 출범으로 인해 무역장벽이 완화되고, 각 부문에서의 시장개방이 확대되는 등의 자유무역체제가 점차 확립되어 감에 따라 이제 세계경제는 점차 국경 없는 무한경쟁의 시대로 바뀌어가고 있다.

새로운 통상 이슈에 대한 다자간 협상에서 논의되고 있는 중점사항은 뇌물방지와 부패문제인데 최근에는 지역주의 경향의 심화 속에서 추가적으로 윤리문제가 부각되고 있다.

유럽연합(EU), 북미자유무역협정(NAFTA), 아세안자유무역지대(AFTA), 아태경제협력기구(APEC) 등 지역경제 블록이 1994년 1월부터 발동하는 등 WTO 출범에 의한 자유무역주의 채택과 더불어 지역주의가 상호 병존하고 있는 상태에 있다. 지역주의로 인한 무역창출효과가 무역전환효과보다 큰 경우에는 시장경제발전에 기여하게 되므로 이러한 지역주의가 용인되고 있는 것이 또한 사실이다.

이러한 세계경제환경의 변화 속에서 국제기구들을 중심으로 일어나

---

3) 윤대혁(2005), 「글로벌시대의 윤리경영」, 무역경영사, pp.10-11.

고 있는 변화의 내용들을 살펴보면 다음과 같다.

첫째, 1999년 5월부터 모든 OECD 회원국은 외국에서의 뇌물행위도 각기 국내법에서 처벌받도록 하는 '외국공무원 뇌물방지법'을 채택하였고, 국제거래와 투자의 전제가 되는 투명경영을 제도화한 기업지배구조 개선을 권고하고 있다.

둘째, 세계은행에서는 기업지배구조준칙을 지키지 않는 기업은 불이익을 당할 것이라고 선언하고, 2003년 2월에는 세계은행 소속 국제금융공사(IFC)가 기업지배구조가 투명한 한국 중소기업에 투자하기 위해 '기업지배구조펀드'를 조성하였다.

셋째, 이렇게 국제적으로 윤리경영의 필요성이 강화됨에 따라 OECD에서는 '국제기업의 원칙'을 발표하였고, 국제상공회의소에서는 '기업광고의 원칙'을 정하고 있다.

넷째, 국제표준화기구(ISO)에서 ISO9000, ISO14000처럼 국제표준 기업윤리강령을 제정하기 위해 노력하고 있으며 어느 정도 결과를 창출하는 데에 근접해 있는 상황이다.

이렇듯 국제기구들이 심도 있게 논의하고 있는 비윤리적 부패행위의 구체적인 내용을 보면, ① 뇌물제공, ② 탈세행위, ③ 외화도피, ④ 환경오염, ⑤ 허위광고, ⑥ 비자금조성(정경유착자금 조성), ⑦ 허위·과대광고, ⑧ 주가조작, ⑨ 체불임금(저임금 착취), ⑩ 부당노동행위, ⑪ 환경파괴(공해배출) 등으로 요약된다.

이와 같이 오늘날에는 기업의 국내·외적인 환경이 기업으로 하여금 기업윤리를 더욱더 강화할 것을 강요하는 방향으로 변화하고 있다. 따라서 21세기에는 기업윤리가 기업의 커다란 경쟁력으로 새로이 등장하고 있는 것이다.

제2절 기업윤리의 개념과 내용

지금까지 대부분의 경영자들은 윤리적 문제가 개인의 양심과 관련된 개인 고유의 문제라고 생각하는 경향이 주를 이루었다. 예를 들어, 직원 중 한 사람이 부도덕한 행위를 저지른 경우 경영자들은 그를 비윤리적인 사람이라고 생각은 하지만, 경영자 또는 기업이 그의 행위에 대한 책임을 져야 한다고는 생각하지 않았다. 즉, 윤리적 문제와 경영은 별개의 것으로 생각했던 것이다.

그러나 이제 경영자들은 직원들의 윤리문제에 관심을 갖지 않을 수 없게 되었다. 최근 한 보고서에 따르면, 기업 안팎에서 발생하는 직원들의 비윤리적 행동은 그 행위를 저지른 개인의 성격적인 문제가 원인이기도 하지만 그 보다는 기업의 조직문화가 원인인 경우가 많다는 것이다.

따라서 이제 윤리적 문제는 개인의 문제로 국한되는 것이 아니라 조직 전체적인 문제로 생각하는 인식을 확대시켜야 한다. 다음에서는 기업윤리에 대한 인식과 개념, 성격, 특성과 같은 기업윤리에 내용들에 대해서 살펴보고 이에 대한 중요성을 알아보도록 한다.

1. 기업윤리의 인식

최근 언론매체에는 윤리적으로도 암시하는 바가 많은 기사들이 자주 실리고 있다. 정치·사회적인 측면에서 혼란과 불확실성이 점차 증가하고 있고 경제는 위기에 처해 있는 데도 '정치와 시국안정은 진공관 시대의 수준을 벗어나지 못하고 있다.'라든지 최근의 사태에 대해 '누구보다도 정치인들은 스스로 창피한 줄 알아야 한다.'는 등 정치권에 대한 거센 비판이 그 예이다.

또 '사회의 각 분야는 책임감과 중심을 잃은 채 방황과 갈등의 시대를 맞고 있다.', '경제모범국가로 알려져 온 우리의 강점은 어디로 갔는가?', '남미의 아르헨티나, 브라질, 칠레의 이른바 ABC 코스를 밟지 말아야 한다.' 등의 헤드라인을 가진 기사들과 이와 관련된 주제들의 공익광고도 나오고 있다. 양심·도덕·사회적 의식 및 책임 등과 직결되는 기업 및 경영자 윤리에 대한 논란도 위와 같은 맥락 속에서 일어나고 있다.

우리나라 기업들은 1960년대부터 1980년대 중반까지 성장위주의 정책적 뒷받침을 받으면서 고도성장의 길을 질주해 왔다고 볼 수 있다. 그러다가 1987년 소위 6·29 선언을 전후하여 정치·경제·사회적으로 민주화의 소용돌이가 일어나면서 성장위주의 기업경영에 따른 여러 가지 병폐가 외부로 표출되었고, 1997년 말 외환위기를 맞으면서 기업의 윤리성과 사회적 정당성에 대한 의문과 비난의 소리는 크게 증폭되어 기업의 윤리성 문제가 사회적으로 크게 부각되었다고 볼 수 있다.

이처럼 기업윤리에 관한 사회적 관심이 높은 수준으로 고조된 원인으로는 다음과 같은 것들이 있다.

첫째, 기업의 규모가 커지고 사회전반에 걸친 영향력이 증대됨에 따라 기업의 사회성이 그에 비례적으로 증가되었기 때문이다.

둘째, 사회전반의 생활수준과 의식수준이 높아짐에 따라 점차 사람들이 생활의 질을 우선적으로 추구하게 되었고 자연과 환경의 보전에 대한 관심과 요구가 그 어느 때보다 높아지게 되었다.

셋째, 기업의 윤리적 경영활동과 사회적 역할 수행에 대한 사회전반의 요구와 압력이 커지게 되었다.

넷째, 기업의 핵심자원이 물자에서 인간으로 바뀌게 되어 물자중심의 경영에서 인간중심의 경영으로 이행하게 됨에 따라 기업구성원의 윤리의식 제고의 중요성이 더욱 증대되었기 때문이다.

이제 기업의 윤리적 경영이라는 문제는 일시적인 차원을 넘어서 기업

자체의 존속과 발전의 필요조건이라는 차원에서 인식하지 않으면 안 되게 되었다. 결국 이것은 기업이 사회의 규범과 가치관 및 여론을 적극적으로 수용해야 할 당위성이 증대되었음을 의미하는 것이기도 하다.

그러나 우리나라의 기업들은 선진국 기업들이 장기간에 걸친 산업화 과정에서 밟아 온 경영가치관의 변천과정을 순차적으로 거치지 못했고, 또한 공공의 이익과 개인의 이익과의 조화라는 문제에 대한 사회적 학습이 제대로 그리고 충분히 이루어지지 못했던 것이 사실이다.

따라서 현재의 국내기업들은 기업의 경제적 목적과 사회적 목적 간의 상충관계를 조정할 수 있는 준거체계를 미처 마련하지 못한 상태에서, 사회의 복지와 공동선의 증진에 적극적으로 공헌할 것과 높은 수준의 윤리성을 유지할 것을 사회로부터 강력히 요청받고 있는 상황에 놓여 있다고 할 수 있다. 다시 말하면 기업의 사회성 증대에 따른 공익성·공공성과 본래의 영리성·수익성을 어떻게 조화시키느냐가 중요한 과제로 등장하고 있는 것이다.

2. 기업윤리의 개념

기업윤리는 시대와 상황에 따라서 변화되는 성격을 지니고 있으며, 일반적으로 나라가 발전할수록 기업에게 사회가 요구하는 윤리기준은 높아진다. 이러한 특성 때문에 기업윤리를 개념적으로 설명하고 이해하기가 더욱더 어려워진다. 일단 기업윤리는 일반적 의미에서의 윤리라는 용어에서 연유되었기 때문에 우선 윤리의 정의에 대해서 살펴보기로 한다.

1) 윤리의 개념

사람은 누구나 윤리 또는 도덕이라고 하는 사회적 규범 속에서 삶을 영위하고 있다. 개인 혼자가 아닌 이웃과 함께 더불어 가는 사회에서 그가 속한 사회가 구성원들에게 요구하는 윤리 또는 도덕적 규범을 지키지 않을 경우 다른 사회의 구성원들에게 비난을 받게 되며 그 사람은 양심을 가책을 느끼게 된다.

이렇듯 윤리는 인간의 사회생활과 매우 밀접한 관계를 가지고 있기 때문에 예로부터 철학, 신학, 교육학, 사회학 등 여러 인문·사회과학의 중요한 관심사가 되어 왔다. 따라서 윤리는 그러한 여러 학문의 특성에 따라 각각 다르게 논의될 수 있을 것이다.

그러나 일반적으로 윤리는 생각과 말, 그리고 태도와 행위의 옳고 그름이나 선하고 악함을 판별해 주는 원칙 내지 판단기준의 체계라든지, 사회생활에서 사람과 사람 사이의 관계를 규제하는 규범의 총체로 정의되어진다. 나아가서 보다 실천적인 성격이 강조될 경우, 인간행위가 마땅히 어떠해야 하겠는가에 관한 도덕적 원리 내지 가치체계 혹은 인간복지와 공동선을 증진시키는 데 요구되는 행위를 밝히는 규범이라고 정의되기도 한다.[4] 이것은 결국 현대사회가 요구하는 윤리에는 실천을 위한 도구적 행위까지도 포함시켜야 한다는 것으로 이해할 수 있다.

또한 윤리는 실천적·동태적 성격에 더하여 사회적 산물이라는 성격도 지닌다. 윤리는 개인의 내면적인 양심과 가치관에 관련된 것이기 때문에 사회와 동떨어진 개념으로 생각할 수도 있겠지만, 윤리는 인간의 사회생활 안에서 사회적인 기대나 관습에 의해 학습되어 경험적으로 생긴 역사적 산물이며 사회적 산물이라고 할 수 있다. 즉, 윤리는 사람들의 생각과 말과 행위가 사회적 규범에 일치하는지 여부를 판단하는 기준이 되기 때문에 특정 사회나 조직의 관습이나 가치관의 영향을 많이 받을 수밖에 없는 것이다.

따라서 윤리란 인간이 사회생활을 올바르게 영위할 수 있도록 질서를 확립해 주는 것, 혹은 사람이 사람답게 살아가기 위해서 마땅히 행

---

4) V. E. Henderson(1982), "The Ethical Side of Enterprise," *Sloan Management Review*, p.38.

하거나 지켜야 할 도리와 이치이며 인간사회의 가장 기본적인 규범이
라고 할 수 있다.

2) 기업윤리의 개념

기업은 사회라고 하는 큰 시스템의 한 하위시스템으로 인식할 수 있
다. 그러므로 기업윤리라는 것은 사회에서 일반적으로 통용되는 윤리적
규범을 기업에 적용한 것으로 볼 수 있을 것이다. 위에서 살펴본 일반적
인 윤리의 정의에 입각할 때, 기업윤리는 기업활동에서의 의사결정이나
행동 또는 태도의 옳고 그름이나 선하고 악함을 판별해 주는 기준 또는
이상적인 행동강령이나 행동규범을 의미하게 된다. 이렇듯 기업윤리는
기업경영이라는 특정 상황에 적용되는 윤리의 하나로 인식되어진다.

기업윤리에 대한 정의는 연구자들 개개인의 시각에 따라 다양하게
이루어지고 있는데, 우선 바움바트(Baumhart)[5]는 기업윤리란 주주, 근
로자, 경쟁기업, 소비자 등 이해관계자 집단과 밀접하게 연관된 기업
의사결정의 옳고 그름, 또는 선하고 악함에 관련된 문제라고 정의내리
고 의사결정의 과정과 그 결과에 관련된 것이라고 주장하였다.

또한 그는 기업윤리를 사회가 일반적으로 기대하고 또 받아들일 만
한 기업행동에 관한 불문율이라고 하였으며, 도날드슨(Donaldson)은 기
업윤리를 기업이 부담해야 하는 도덕적 책임, 기업의 도덕적 행위를
위한 최소한의 기준 혹은 도덕적 역할을 수행하기 위한 책임의 체계로
규정하였다. 그리고 신유근(1992)[6]은 기업윤리를 기업경영이라는 상황
에서 나타나는 행동이나 태도의 옳고 그름이나 선과 악을 체계적으로
구분하는 판단기준 또는 이를 연구하는 것으로 정의 내렸다.

이상을 종합하여 볼 때, 기업윤리라는 것은 기업이 정당하고 공정하

---

5) Baumhart, R. C.(1968), 「An Honest Profit: What Business Say about Ethics in
   Business」, New York: Holt Rinehart and Winston.
6) 신유근(1992), 「기업윤리와 경영교육」, 한국의 기업윤리, 세경사. p.27.

며 정의롭게 경영활동을 수행하도록 인도해 주는 지침 혹은 기준이며, 기업이 계속하여 존속·발전하기 위해서 마땅히 행하거나 준수해야 할 도리 또는 규범이라고 할 수 있을 것이다.

그러므로 기업에서의 의사결정이나 행동이 경제원칙에만 따르지 않고 윤리적인 판별기준에 따라 이루어지고, 법규를 지키는 수준 이상으로 공정하고 정당하며, 사회의 가치기준에 맞는 것일 때 그 기업은 기업윤리를 지키고 있다고 말할 수 있게 된다.

또한 기업경영활동에 있어서 사회에 해를 끼치지 않고, 비도덕적인 종업원이나 경쟁자로부터 기업을 보호하며, 또한 사용자의 부당행위로부터 종업원을 보호하고, 기업구성원으로 하여금 자기의 윤리적 신념에 따라 행동할 수 있도록 허용하는 경우, 그것을 윤리적 기업행위라고 할 수 있는 것이다.[7]

앞서 언급하였듯이, 기업윤리 또한 일반적인 윤리와 마찬가지로 시대에 따라, 해당 기업이 속해 있는 사회에 따라 다르다. 그러나 이웃과 더불어 사는 민주사회에 있어서 기업은 그 영향력이 크면 클수록 그만큼 사회성이 증가하여 사회의 다양한 요구와 가치의 실현에 기여하지 않을 수 없게 되고 그에 따라 기업의 윤리성은 더욱 강조된다는 사실만큼은 그 누구도 부정할 수 없다.

3. 기업윤리의 성격과 특성

기업윤리는 나름대로의 독특한 성격을 지니고 있으며 이는 다음과 같다.

첫째, 가변성이다. 기업윤리는 시대와 상황에 따라 동태적으로 변화하며, 그러한 변화는 사회가 기대하는 이상형의 방향으로 점차 그 수

---

7) 윤대혁(2005), 앞의 문헌, pp.41-42.

준이 높아져 간다는 사실이다.

둘째, 기업윤리는 일반 법규와는 달리 강제적 구속력 내지 집행력이 없다는 점이다. 본래 윤리적 명령이라는 것은 인격과 주체성을 지니는 인간 각자에게 내재하는 양심적·내적 명령이기 때문에 그 명령에의 복종 여부는 각자의 자유의지에 맡겨져 있는 것이다. 그런 의미에서 윤리는 국가권력이라는 외부의 힘에 의해 강제됨을 원칙으로 하는 법률과는 본질적으로 다른 것이다. 같은 맥락에서 기업윤리 또한 강제적 구속력과 집행력이 없는 것이 특징이다.

셋째, 기업윤리는 그 자체의 암시적 혹은 묵시적 성격으로 인하여 구체적인 기준이나 지침을 제공하지 못하는 한계성을 가지고 있다. 기업에 있어서의 윤리문제는 거의 대부분이 종업원과 관련되는 것이고, 그 나머지는 고객 및 사회공동체와 관계되는 것들이 대다수이다. 하지만 21세기 기업경영에서는 환경과 제품의 안정성, 그리고 종업원의 건강, 주주의 이익, 작업장의 안전 등의 문제가 특히 중요한 윤리적 이슈가 되고 있다.

또한 기업윤리의 특징은 간단히 설명하거나 정의하기가 대단히 어렵다. 기업윤리는 법률과 같이 정부가 제정할 성질의 것도 아니며 강제집행력을 가질 수도 없다. 따라서 기업윤리는 애매하지만 일반적으로 받아들여지는 사회윤리를 기업에 적용한 것에 불과한 것으로 간주되기도 한다. 그러므로 기업윤리는 사회가 일반적으로 용납하고 기대하는 기업행동에 관한 불문율에 불과하다.

이와 같이 기업윤리는 불문율의 성격을 띠고 있으며, 명시적이기보다는 암시적인 성격을 띠고 있다는 점에서 그 특징을 찾을 수 있다. 그러므로 어떤 행동이 명확히 윤리적이라든가 또는 비윤리적이라고 명확하게 판단할 수 있는 구체적인 기준 내지 지침을 제공하지는 못한다. 다만 일반적인 기준·규칙·규범만을 제공할 뿐이다.

이와 같이 애매한 성격을 띠고 있는 것이 기업윤리의 특징임에도 불구하고 우리 사회에서 기업윤리에 대해 논의하고 기업들에게 윤리강령을 만들고 이를 지키라고 압력을 가하는 데에는 실행적인 차원에서 문제점이 있으나 기업들이 그런 방향으로 노력하지 않을 수 없는 것이 또한 오늘의 현실이기도 하다.

4. 윤리경영의 중요성

1) 윤리경영이 중시되는 이유

오늘날 기업경영에서 윤리경영에 대한 요구와 압력이 가중되고 있다. 즉 현대기업은 윤리경영을 통해서,

첫　째, 기업의 경쟁력을 제고시켜야 한다.
둘　째, 사회적 가치를 창조하는 기업이 되어야 한다.
셋　째, 사회의 일원인 시민기업이 되어야 한다.
넷　째, 근로생활의 질을 향상시켜야 한다.
다섯째, 환경친화적인 기업경영을 해야 한다.
여섯째, 건전한 기업지배구조를 가져야 한다.
일곱째, 자유시장 경제체제를 유지·발전시켜야 한다.

오늘날 기업경영에서 윤리경영이 중시되고 있는 것은 위에서 언급한 일곱 가지 요인 이외에도 21세기 기업환경변화에 대응하기 위한 기업의 사회적 신뢰회복을 위한 노력과 뇌물방지법의 영향, 기업지배구조에 대한 인식의 변화, 비윤리적 행위로 인한 손실개선 등과 같은 국내 경영환경 변화에서 뿐만 아니라 세계무역기구(WTO)의 출범, 그린라운드, 공정경쟁(부패)라운드, 윤리라운드 등에 대처하기 위한 노력의 일환으로 인식할 수 있을 것이다.

이렇듯 윤리경영이 중시되고 있는 상황에서 미국은 어떻게 이를 반영하고 있는지에 대해 살펴보면 다음과 같다.

▷ 정부윤리법(The Ethics in Government Act, 1978)의 실시
▷ 연방조직범죄 판결지침(The Federal Sentencing Guidelines, 1991) 적용
▷ 새로운 내부통제도의 도입(1992)
▷ 기업윤리원칙모델(Model Business Principles)의 권고(1995)
▷ 해외부패방지법(The Foreign Corrupt Practies Act, 1997)의 제정
▷ 내부비리 고발자 보호법(양심선언자 보호법: Whistle-Blower Protection Act)의 제정
▷ 부정청구법(The Federal false Claim Act)의 제정

현재 미국은 이상과 같이 기업윤리강화를 통하여 기업의 경쟁력을 제고시키려는 경제정책을 강력하게 추진하고 있으며, 이와 동시에 국제경제기구를 통해 '부패방지라운드'를 주도하고, OECD 뇌물방지협약이 실행되도록 회원국들에게 '국제상거래뇌물방지법'을 제정하여 시행할 것을 권고하고 있는 등의 자구적인 노력을 하고 있다.

2) 현대사회와 기업윤리의 중요성

기업윤리는 조직 구성원들에게 행동의 규범을 제시하고 건전한 시민으로서의 인간의 윤리적 성취감을 충족시켜 주기도 한다. 그리고 기업활동에 대한 윤리적·비윤리적 행위 등을 구분시킴으로써 사회의 이득이 되는 행위를 하게끔 독려하며 기업내부의 구성원, 즉 최고경영자로부터 관리자, 종업원에 이르기까지 행동에 대한 올바른 판단기준을 제시함으로써 구성원의 심리적 갈등을 완화시켜주며, 만족감과 성장·발전을 저해하는 문제점 등을 해소시켜 준다.

이렇듯 기업윤리를 통해 얻을 수 있는 이점들이 존재함으로써 현대 사회에서 기업윤리가 얼마나 중요한 가를 판가름할 수 있게 된다. 다음에서는 현대사회에서 기업윤리가 얼마나 중요한 가를 인식하게 하는 기업윤리의 실천을 통한 혜택에 대해서 살펴보기로 한다.

① 높은 수준의 윤리성을 유지하는 기업은 사회로부터 두터운 신뢰와 좋은 평판을 얻어 지속적인 성장과 발전을 이루게 해준다.

오늘날처럼 정보체계가 발달하고 기업과 사회 간의 상호작용 내지 상호의존성이 심화된 사회에서는 기업의 성장과 발전은 사회로부터 받게 되는 신뢰도에 크게 의존할 수밖에 없다. 한 사회에서 윤리적이고 도덕적 규범을 잘 지키는 사람은 그 사회에서 존경과 신뢰를 받게 되는 것처럼 높은 수준의 윤리성을 유지하는 기업은 사회로부터 두터운 신뢰와 좋은 평판을 얻어서 성장하게 될 것이고, 반면에 부도덕하고 비윤리적인 기업은 사회에서 존립할 수 있는 기반 자체가 무너지게 될 것이다. 실제로 높은 기업윤리수준을 유지하는 기업이 상대적으로 급속한 성장과 발전을 이룩하고 있다는 연구결과들이 발표되기도 하였다.

② 기업윤리는 기업 자체의 존립과 발전의 필요조건이 된다.

기업은 그 능률성과 합리성으로 인해 사회로부터 경제적 기능을 위임받았다고 볼 수 있다. 그러므로 기업은 사회로부터 위임받은 바를 충실히 수행해야 하며, 동시에 사회의 한 구성원으로서 사회의 가치규범을 준수할 의무가 있다. 이러한 측면에서 볼 때, 기업의 윤리성 제고에 대한 사회적 요구는 사회가 기업에게 부여한 사업권 혹은 경제적 기능에 대한 일종의 반대급부적인 요구라고 볼 수 있는 것이다.

만일 기업이 사회의 장기적 이익과 공동선을 저해하는 비윤리적인 방법으로 자기이익만을 추구할 경우에는 사회는 언제든지 그 사업권을 기업으로부터 되돌려 갈 수 있다고 보아야 할 것이므로 현대사회에서 기업윤리의 준수는 단지 도의심이나 시혜적 차원의 문제가 아니라 기업존립의 필요조건과 기반이 된다고 할 수 있는 것이다.

③ 기업윤리는 사회비용의 증가, 이해관계자집단의 압력 및 여론의 지탄을 예방하는 효과를 가져다준다.

기업이 비윤리적 경영활동을 하게 되면 사회적 불신과 통제의 소리가 높아지고 그러한 비윤리적 경영활동을 규제하는 각종 법규가 늘어나게 된다. 그렇게 되면 그러한 법규를 준수해야 하는 기업이나 비윤리적 경영을 규제해야 하는 감독기관 모두의 비용이 증가하게 되어 결과적으로 전반적인 사회비용의 증가를 가져오게 된다. 그러므로 기업이 높은 수준의 윤리성을 유지함으로써 사회적인 불신과 통제의 소리를 줄이고 그렇게 됨으로써 이를 규제해야 할 필요성이 줄어든다는 차원에서 정부의 비용이 감소하고 불필요한 규제가 없음으로 해서 기업이 경영활동을 수행하는 데 있어서의 비용이 감소하게 되어 결과적으로 사회전체의 부의 증가를 가져오게 해준다.

④ 기업윤리는 기업의 무절제하고 비윤리적인 방법에 의한 이윤추구행위를 적절히 규제 혹은 순화시켜 주는 혜택을 가져다준다.

최대한 많은 이윤을 추구하는 것이 기업의 목표이기 때문에 이윤추구 그 자체가 문제가 되는 것은 아니다. 하지만 비윤리적인 방법에 의한 기업의 이윤추구는 사회의 공익성과 공공성에 상충되어 윤리적 문제를 야기 시키는 결과를 초래하기도 한다. 따라서 기업의 이윤추구는 사회적으로 용인되고 수용될 수 있는 범위 안에서 이루어져야 할 것이다.

이러한 측면에서 볼 때, 기업윤리는 기업으로 하여금 영리성과 수익성을 공익성과 사회성에 조화될 수 있도록 도와주고 촉진시켜 주는 역할을 한다. 즉, 일반적으로 윤리 또는 사회적 규범이 사람들의 무절제하고 충동적인 행동을 적절히 규제해주는 역할을 하듯이, 기업윤리도 기업의 무절제한 이윤추구 행위를 규제해 준다. 그럼으로써 기업이 자원과 환경보전 등 사회일반과 이해관계자 집단의 다양한 요구나 기대도 함께 고려하여 사회 속의 기업으로서 경제적 성과를 사회와 공유할 수 있도록 유도해 준다고 볼 수 있다.

⑤ 기업윤리는 내외환경에 큰 영향을 미쳐서 환경을 변화시키고 나아가 환경을 창조하는 성격을 지닌다.

기업윤리는 기업의 이념 혹은 윤리수준에 큰 영향을 미쳐서 이를 혁신시키기도 하는 등 기업의 대외적인 환경형성에 주요 요인이 된다. 따라서 기업은 그만큼 엄격한 윤리성이 요구되어진다.

⑥ 기업윤리는 21세기에 강화되고 있는 국제적인 윤리라운드에 대응하고, 국제적인 신뢰수준을 향상시켜 국제경쟁력을 제고시켜 준다.

1993년에 창립된 국제투명성기구에서는 1995년부터 매년 부패지수를 발표하고 있으며, 1999년 2월 OECD와 WTO는 외국공무원 뇌물방지협정을 체결함으로써 이제는 외국에서 행한 뇌물행위도 국내법에 의해 처벌을 받게 되었다.

그리고 1995년 5월에 채택된 기업경영의 투명성 강화를 위한 OECD의 기업지배원칙도 국제간의 자본유치와 자본이동에 큰 영향을 미치게 되었다. 따라서 21세기에서 기업이 성장과 발전을 위한 경영활동을 수행하기 위해서는 위에서와 같은 국제적인 윤리라운드에 대응하여 국제경쟁력을 제고시켜야 할 것이다.

⑦ 기업윤리는 인적자원관리와 생산성 향상에 기여한다.

일반적으로 비윤리적인 기업에서 일하는 구성원들은 윤리적인 갈등과 스트레스를 보다 많이 받게 됨으로 노동의욕을 상실하게 될 것이고, 이직률도 높아질 수밖에 없다. 반면에 구성원의 가치관과 양심에 반대되는 부도덕한 행위가 강요되지 않으며, 정당한 대우가 보장되는 등 높은 수준의 윤리성이 유지되는 기업에서 일하는 구성원들은 심리적인 면에서 만족감과 안정감을 느끼게 되고 사기가 진작되어 생산성이 향상될 것이다.

제 **5** 장

기업윤리의 형성과 발전과정

기업윤리의 형성과 발전과정을 고찰함에 있어서 먼저 자본주의의 역사적 발전과정을 개괄적으로 정리해 보고, 그에 따라 기업의 이념이나 역할 혹은 기업윤리의 성격이 어떻게 변화되어 왔는지를 검토해 보도록 한다.

제1절 자본주의 사회에서의 윤리의 기본 배경8)

근대 자본주의사회의 태동은 대립되는 두 이론에 의하여 설명할 수 있는데, 첫째는 중세 봉건사회의 경제적 모순에 의해 근대 자본주의가 출현하였다는 유물사관에 입각한 마르크스의 이론이고, 둘째는 '프로테스탄티즘의 윤리와 자본주의 정신'에서 베버가 주장한 이론으로 칼빈

---

8) 윤대혁(2005), 앞의 저서, pp.75-82.

주의라는 종교적 윤리의 부산물로서 출현하였다고 보는 근대 자본주의 이다.

1. 루터의 직업소명의식

종교개혁자로 널리 알려진 루터(Martin Luther)가 처음 '소명(vocation)' 이라는 말을 사용하기 시작한 것은 수도원의 삶이 악한 것으로 판단되기 시작하면서, 1521년에 발표한 「수도원의 맹세에 관하여(DeVotis Monasticis)」 라는 글 속에서 처음으로 세상의 직업문제를 제기하였다.9)

모든 사람은 자기의 위치와 직책에 의해서 크리스천의 지상과업 또는 노동개념을 가지게 되는데, 이것은 하느님의 명령과 사랑과 이성에 합치되어야 하며 만약 그렇지 못할 때 「수도원의 맹세」는 악을 행하는 허위의 맹세일 수밖에 없다고 하였다.

그는 신학의 근거를, 예수 그리스도를 통한 신의 철저한 은혜와 사랑에 두고, 인간은 이에 신앙으로써 응답하여야 한다고 강조하였다. 인간은 태어나면서 하나님께 반항하고 자기 자신을 추구하는 죄인이지만 그리스도로 말미암아 죄를 용서받고 신앙의 응답을 통하여 이 세계와의 관계가 생겨나는 것이라고 주장하였다. 이러한 측면에서 모든 직업을 신의 소명에 의한 것이라고 설명하였고, 이것이 그 이후의 직업관에 커다란 영향을 미쳤다.

또한 루터는 구약성서의 십계명에 대한 적극적 해명을 통해 신앙생활뿐만 아니라 일상생활에서 인간이 지켜야 할 의무와 책임을 다음과 같이 설명하고 있다.

첫째, 인간은 하느님의 사랑과 섭리를 깨닫고 그의 뜻대로 살아가려

---

9) Schwiebert, E. G.(1950), 「Luther and his Times」, St. Louis: Concordia Publishing House, p.2.

고 노력해야함을 강조한다. 탐욕을 버리고 자기의 분수를 지켜 자족할
줄 아는 검소한 생활을 요구했는데, 이와 같은 '근면', '절제', '청렴'은
청교도의 생활신조와 윤리규범이 되었다.

둘째, 인간은 자신이 하고 있는 일을 하느님께서 부여한 사명으로
알고 최선을 다해야 함을 역설하고 있다. '일하기 싫으면 먹지도 말라'
는 성서의 가르침으로 직업의 귀천의식을 없애고 모든 직업을 필요에
따라 두루 발달하게 하여 분업과 전문화를 촉진시킬 수 있었다. 뿐만
아니라 검소한 생활로 저축이 증대되고, 기술혁신의 의욕을 불러일으켜
서구 자본주의 발전의 원동력이 되기도 하였다.

셋째, 사유재산제도가 인간의 본능, 존엄성 그리고 사회정의의 측면
에서 정당한 제도임을 알려 주고 있다. 다른 사람의 재사이나 소유물
을 탐내거나 도둑질해서는 안 된다는 계명은 곧 모든 사람이 수고하여
모은 재산에 대해 정당한 소유권을 보장하고 있다고 볼 수 있다.

넷째, 부자는 항상 사랑의 정신으로 가난한 사람들에게 가진 것을
나누어주어야 함을 가르쳐 주고 있는데, 이는 현대사회의 당면과제 중
의 하나인 분배와 형평의 문제를 해결할 수 있는 대안을 제시하고 있
기도 하다. 하느님의 계율에 따라 열심히 일하고 살아가는 자는 이미
믿음을 가진 자이며 따라서 하느님의 백성으로서 직분을 수행하고 봉
사하는 자로서 의로운 구원을 받는다는 것이다. 그의 이러한 사상은
근대적 의미의 소명적 직업관을 전개하였다.

루터의 종교개혁이 이윤의 추구와 상업적 발전을 부정하고, 기존의
정치권력에 대해 보수적이었음에도 불구하고, 자신 외에는 어느 것에도
의존하지 않고 생산활동에 전념하면서 세속적 생활에 경건하게 헌신한
다는 이러한 소명적 직업관에서 근대사상으로서의 면모를 발견할 수
있게 된다.

2. 칼뱅의 금욕적 생활윤리

칼뱅은 1509년, 프랑스의 노용(Noyon)에서 태어난 사람으로 마틴루터(Martin Luther), 훌드리히 쯔빙글리(Huldrych Zwingli)와 함께 종교개혁의 3대 인물로 꼽힌다.

칼뱅(J. Calvin)의 종교개혁은 루터의 종교개혁과는 달리 비교적 상공업이 발달한 프랑스나 스위스의 신흥 부르주아 시민계층을 바탕으로 종교를 통해 개인의 생활뿐만 아니라 교회와 국가사회에서 적극적이고 급진적으로 개혁을 이루려는 국제적 운동으로 발전하였다.

칼뱅은 노동이 고통과 저주의 대상이나 낮은 단계의 일상생활로부터 하느님께 영광을 돌리며 예정의 확신을 줄 수 있는 근거로 대두됨으로써 자본주의적 프로테스탄트의 노동윤리로 자리 잡게 되었다. 그리고 칼뱅은 종교적 일과 세속적 일을 구분하는 가톨릭에 반대하여, 모든 신앙인의 노동과 직업은 신성 할뿐만 아니라 평신도도 성직자 못지않게 그리스도 예수 안에서 소명을 갖는다고 주장하였다.

칼뱅은 루터의 주장에 진일보하여 세속적 직업에 보다 깊은 종교적 의미를 부여하는 것은 예정론에 근거한다. 칼뱅에 따르면 인간의 멸망과 구원은 인간의 능력과 공로에 의해서가 아니라 절대적인 하느님의 주권과 은혜로 구원받는 다는 것이다.

그런데 어떤 사람이 구원받을 백성으로 예정되어 있고 어떤 사람이 멸망 받는 백성으로 예정되어 있는지는 외적으로 분명히 알 수는 없다. 확실한 증거는 없어도 이 세상에서 하느님께 영광을 돌리는 독실한 신앙생활을 해야만 구원을 받는다는 확신을 가질 수 있다는 것이다.

종교개혁 이전에는 물질적 부를 획득하는 것을 종교적 교리나 신앙생활과는 무관한 세속적인 것으로 간주하고 죄악시 해왔으나 칼뱅은 근검·정직·절제를 통해 그리고 합리적이고 창조적인 직업활동에 자발적으로 참여함으로써 부를 획득하는 것이 하느님께 영광을 돌릴 수 있는 신앙인의 정당하고 신성한 의무와 책임임을 강조하였다.

　그래서 노동과 직업이 인간에게 내려진 저주가 아니라 하느님의 부름을 받은 소명이 되었으며, 먹고살기 위한 삶의 단순한 수단과 방편에서 부유하거나 풍족하더라도 보수나 이익에 얽매이지 않고 근면하게 일해야만 하는 종교적 행위로 승화되었다.

　이상에서 살펴본 칼뱅의 금욕적 직업윤리는 서구 자본주의가 지속적인 성장과 발전을 거듭할 수 있는 정신적 기초가 되었을 뿐만 아니라 종교·정치·문화·경제·사회 전반에 걸친 시민의식의 근거가 되기도 하였던 것이다.

3. 베버의 프로테스탄티즘의 윤리

　베버(M. Weber)에 따르면 프로테스탄트적인 모든 민족의 직업 개념에는 "신으로부터 받은 임무"라는 뜻이 있으며 이러한 개념과 사상은 종교개혁에서 유래된 것이라고 주장하였다.

　그러나 분명히 새로운 사실 하나는 세속적 직업에서의 의무 이행을 도덕적 자기증명이 가질 수 있는 최고 내용으로 평가하였다는 점이다. 이것 때문에 세속적인 일상적 노동이 종교적 의미를 갖는다는 생각이 발생하였고 그러한 의미의 직업개념이 최초로 형성되었다. 그러므로 「직업」 개념에는 모든 프로테스탄트 교파의 중심 교리가 표현되어 있다. 이 교리는 도덕적 계율을 「명령」과 「권고」로 나누는 가톨릭적 태도를 거부하고, 신을 기쁘게 하는 유일한 방법은 수도승적 금욕주의를 통해 현세적 도덕을 경시하는 것이 아니라 오직 현세적 의무를 완수하는 것이라 보았다. 이러한 현세적 의무는 각 개인의 사회적 지위에서 발생하는 것으로서 곧 그의 「직업」이 된다는 것이다.

　이미 종교개혁을 통해서 그 이전의 노동에 대한 인식이 긍정적으로 전환되었다는 것을 의미한다. 그러나 이러한 직업개념의 발전 양상은 각 종교에 따라 다르게 나타나게 되는데, 칼뱅주의의 경우에 자본주의의 정신과 밀접한 관련을 갖게 된다.

서구의 기독교 신자들은 끊임없이 사후(死後)의 천국을 갈망했기 때문에 신의 심판을 통과하기 위해서 자신의 종교적 신앙이 독실함을 끊임없이 내보일 필요가 있었다. 가톨릭교와 루터교, 그리고 칼뱅교는 바로 이러한 신앙 증거의 방법에서 차이를 보이고 있는 것이다. 베버는 가톨릭교는 세속과 멀리 떨어진 금욕적 종교 생활을 채택했기 때문에 직업은 단지 생계를 꾸려나가고 다른 사람들에게 부담을 주지 않기 위해서 가져야 했던 것이며 이익추구는 부정적으로 생각되었다. "각자는 자신의 「생업」에 머물고 이익추구는 신 없는 자에게 맡겨두어라"라는 말이 가톨릭에서의 직업관을 단적으로 나타내고 있는 것이다. 또한, 교회에서 베푸는 여러 수단을 통해 죄가 경감되었기 때문에 굳이 생활을 통해서 끊임없이 자신의 신앙을 증명 할 필요가 없었다. 단지 수도원에서만 금욕적인 생활이 이루어졌는데, 방법적인 측면에서만 발전된 것이었다.

루터교는 가톨릭에서 주장하는 이러한 전통주의를 어느 정도 극복한 입장을 보인다. 베버가 서술한 몇몇 구절을 살펴보면, 이에 대한 구체적인 내용을 알 수 있다.

사람은 모든 신분에서 구원을 받을 수 있으며 삶의 짧은 순례길에서 직업의 종류에 연연하는 것은 무의미 한다……(중략)……그러나 그와 동시에 루터에게는 각 개인의 구체적 직업은 그 개인에게 신의 섭리가 지정한 「그러한」 구체적 위치를 충족시키라는 신의 특별한 명령이 되었다……(중략)……점차 「운명」 사상에 대응하는 전통주의적인 색채를 강화시켰다. 각자는 근본적으로 신이 일단 정해준 그 직업과 신분에 머물러야 한다는 것이며, 지상의 노력은 주어진 삶의 지위가 정해 준 한계 안에 머물러야 한다는 것이었다.

이 구절에서, 루터교가 직업을 신앙증거의 수단으로 생각했음을 알수 있다. 이는 분명히 가톨릭의 관점보다는 진일보한 것이었다. 하지만, 직업은 신의 섭리였지 신이 부여한 과제가 아니었기 때문에 사람들이 직업을 수단 삼아 더 나은 성과를 이루기 위해 끊임없이 노력할 필요도 없었다는 점에서 새로운 직업노동과 종교적 원리의 결합을 이뤄낼수는 없었다.

위에서 살펴본 바와 같이, 가톨릭교와 루터교는 결국 경제적 전통주의를 배제하지 못했다. 자본주의 정신의 기본 바탕이 되는 직업관은 칼뱅주의에서 비로소 나타나게 된다. 그러나 칼뱅주의에서도 처음부터 직업을 "영혼의 구원"을 위한 수단으로 생각한 것은 아니었다. 칼뱅주의 종교 교리의 핵심은 예정설이다. 인간은 신을 위해 존재하며, 소수의 사람만이 부름을 받는 것 또한 신의 위엄을 드높이는 수단의 의미를 갖는다는 것이다.

베버는 칼뱅주의에서 "모든 마술적 구원추구 수단을 미신과 불경으로 비난했던 저 위대한 종교사적 과정"의 결말을 볼 수 있다고 서술하고 있다. 죄의식은 강화되었지만 그것을 진정시키는 수단은 없어져 버린 것이다. 자신이 신에 의해서 선택되었는지의 여부를 아는 것은 불가능했고, 단지 신에 대한 무조건적인 신뢰가 있을 뿐이었다. 칼뱅은 자신이 선택 되었다고 믿었기 때문에 이러한 교리가 전혀 문제되지 않았다. 그러나 다른 신도들은 칼뱅과 같은 뚜렷한 확신을 가지고 있지 않았기 때문에 "구원의 확신"을 위한 표지를 필요로 했다.

첫째는 자신을 선택된 자로 여기고 모든 의심을 악마의 유혹으로서 거절하는 것이 단적으로 의무화된다. 왜냐하면 자기 확신이 결여되었다는 것은 불충분한 신앙의 결과이고 따라서 은총이 불충분한 결과이기 때문이다. 자신의 부르심을 받았음을 「확실히 하라」는 사도의 권고가 여기서는 일생의 투쟁에서 자신의 선택됨에 대한 주관적 확신과 증명에 도달하라는 의무로 해석되었다. 둘째로 자기 확신에 도달키위한 가장 탁월한 수단으로 부단한 직업노동이 엄명되었다. 이러한 노동만이 종교적 회의를 씻어 버리고 구원의 확실성을 제공한다는 것이다.

위의 내용은 변질된 칼뱅주의에서 권고될 내용이다. 칼뱅주의에 이르러서야 비로소 세속에서의 활동, 일상생활 영역에서의 직업 활동이 신앙증거의 수단으로 인정을 받게 된 것이다. 그리고 부단한 직업노동을 해야 한다는 것이 소수가 아닌 영혼의 구원을 원하는 모든 사람들에게 요구된다. 사람들은 자기검증의 수단으로 직업을 선택하고 끊임없이 노력을 기울임으로써 그 직업에서 최대한의 성과 즉, 이윤추구를 얻어내야 한다는 것이다.

칼뱅 이후의 금욕적 프로테스탄티즘에서 이러한 사상은 좀 더 발견된다. 이윤 자체를 추구하는 것은 끝이 없으며 사람들이 이윤을 축적하여 태만하게 되고 향락에 빠지게 되기 때문에 금기시된다. 그러나 신의 영광을 더하기 위해서, 그리고 자신이 선택받았음을 증명하기 위해서는 이윤을 추구해야 한다. "직업의무의 행사로서의 부의 추구는 도덕적으로 허용될 뿐만 아니라 명령된 것이기까지 하다"라는 베버의 말처럼, 직업 활동 과정에서 이윤을 얻기 위해 끊임없이 노력하고, 그렇게 얻어진 이윤에서 살아가는 데 필요한 만큼을 제외한 나머지를 재투자함으로써 더 많은 이윤을 추구하는 것은 권장되어졌으며 윤리적으로 긍정적인 평가를 받게 되었다.

확고한 직업의 금욕적 중요성을 강조한 것이 근대적인 전문직업을 윤리적으로 신성시했듯이, 이윤 기회에 대한 섭리적 해석은 기업가를 신성하게 만들었다.……(중략)……부단하고 지속적이며 체계적인 세속적 직업노동을 단적인 최고의 금욕적 수단이자 동시에 거듭난 자와 그 신앙의 진실성에 대한 가장 확실하고 분명한 증명이라고 간주한 종교적 평가는……(생략)

위의 구절에서 우리는 근대 자본주의의 원동력인 자본주의의 정신이 성립되었음을 알 수 있다. 일상적인 직업 활동에서의 끊임없는 절약과 이윤추구, 그리고 이윤의 재투자를 통한 자본의 축적은 근대 자본주의의 발달에 가장 이상적인 것이었다. 그러나 자본주의 정신의 성립이 칼뱅주의자와 금욕적인 청교도들이 의도했던 결과는 아니었다. 그들은 단지 금욕적인 직업 활동은 종교적 구원의 수단으로 존재 한다고 여겼을뿐이었다. 자본주의의 발달을 원하기는커녕 그들이 이윤, 부, 자본 그 자체를 배척하는 것은 전통주의에서와 비슷한 정도였던 것이다. 그토록 종교적이었던 청교도적 인생관이 점차적으로 "부르주아적이고 경제적으로 합리적인 생활방식"을 가진 "근대적 경제인"을 낳게 되었고, 이러한 종교와 직업이 결합한 이상적인 생활양식으로 인해 부의 유혹에 넘어가는 사람들이 늘어나면서 지속적으로 유지되지 못했던 사실은 상당히 역설적이라 할 수 있다. 목적 전도 현상이 일어나게 된 것이다.

"청교도는 직업인이기를 바랐다. 반면에 우리는 직업인일 수밖에 없다."라는 베버의 말은 많은 의미를 내포하고 있다. 금욕적 프로테스탄티즘에서 근대 자본주의 정신의 핵심이라 말할 수 있는 "직업사상에 입각한 합리적 생활방식"이 생겨나게 되었고, 이러한 윤리가 세상을 지배하게 되자 근대 자본주의가 발달하게 되었다. 위의 구절은 바로 근대적 경제의 질서가 이미 구축된 세계에서 태어나게 된 사람들이 생활양식을 스스로 선택하지 못하고 물질에 구속받게 되어 버렸다는 것을 지적하고 있는 것이다. 또한, 상당히 발전하게 된 자본주의는 오래지 않아 종교적 목적을 상실하고 스스로 목적이 되어 버렸다. 자본주의의 발전에는 더 이상 종교가 필요하지 않게 되어 버린 것이다. 그 결과, 사람들은 직업윤리를 따라야만 하는 이유를 알 수 없게 되었고, 이윤의 추구는 순수한 경쟁적 열정과 결합하게 되어 버렸다.

이상에서 논의된 내용을 종합적으로 정리해 보면, 청교도 정신에 입각한 생활양식은 다음과 같은 경제적 효과를 유발할 수 있었다.

첫째, 금욕적인 생활은 소비를 억제하였다. 청교도들은 사치를 경멸

하며 감각적인 향락을 거부하면서 근검절약을 중요한 미덕으로 여겼다.

둘째, 직업소명의식은 노동을 신성시함으로써 저축을 촉진시켜 결과적으로는 자본을 축적하게 만들었고 열성적으로 직업생활을 고무시켜 생산성을 높였다.

셋째, 청교도들에게 있어서 이윤이란 소명을 충실하게 실천한 자에게 신이 내린 은총이었다. 그러나 이러한 이윤은 개인적인 이익을 위해서는 사용될 수 없었다. 왜냐하면 자본가는 단지 신의 은총에 의한 심부름꾼이며 자본을 증가시키고 사회 전체의 이익을 위해서 자본을 활용하는 것이 주된 의무로 간주되었기 때문이다.

이러한 금욕적 직업윤리는 근대적 시민사회의 윤리로서 가장 합리적이고 건전한 자주적인 직업윤리라고 할 수 있다. 특히 부와 기술을 통해 자본주의 경제를 발전시켜야만 되는 현실에서는 가장 절실하게 요구되는 직업윤리가 아닐 수 없다. 그러나 이러한 금욕적 직업윤리는 기독교 문화가 발달하지 않은 나라에서는 적용하기가 쉬운 것은 아니다.

하지만 우리나라를 비롯한 동양사회에서도 산업화 과정에서 이러한 금욕적 직업윤리의 정신을 본받아 기업윤리가 나타나게 되었다. 즉 기업 내 모든 종업원이 평등하다는 생각이나 시용과 정직에 높은 가치를 부여하여 이를 기업이 실천함으로써 기업을 사회에 유익한 제도로서 인식하게 만들었고 이러한 바탕 위에서 기업은 오늘날과 같이 발전할 수 있었던 것이다.

4. 현대사회에서의 직업윤리

현대사회에서는 직업의 종류에 따라 사회적 지위가 차이가 나는 것은 아니지만 직업 내에서의 지위에 따라 개인의 사회적·경제적 지위가 결정된다고 볼 수 있다.

현대산업사회의 특색은 학자에 따라 다양하게 표현될 수 있으나 대체로 다음과 같이 요약될 수 있다.

첫째, 현대산업사회는 1차산업에 비하여 2차산업과 3차산업이 발전해 가는 사회이다.

둘째, 산업사회에서의 모든 활동은 주로 조직을 통해서 이루어진다.

셋째, 산업사회는 전통적 유대에서 벗어나 종교적·정치적·직업적인 목적에 따른 여러 가지 자발적인 결사단체가 많이 형성된다.

넷째, 산업사회는 기회가 많은 사회이다.

다섯째, 산업사회는 전통적인 가족형태에서 벗어나 핵가족을 출현시킨다.

여섯째, 산업사회에서는 전통사회의 자급자족정신보다 능률적이고 생산적인 태도를 요구한다.

일곱째, 산업사회는 과학과 기술의 눈부신 발전과 변화 속에 있다.

여덟째, 산업사회는 산업 간의 상호연관성이 과거 어느 때보다도 밀접한 관계를 갖고 영위된다.

이와 같은 특색을 가진 현대산업사회는 소득·교육·생활수준의 향상과 더불어 개인들에게 폭 넓은 선택의 자유를 제공하고 있지만, 한편에서는 치열한 경쟁도 동시에 유발시킨다.

따라서 개인은 모두 타인과의 분업관계에서 맡은 일을 제대로 수행하여야 하고 만약 그렇지 못하면 타인에게는 물론 더 나아가 사회경제 전체에까지 영향을 미치게 된다. 따라서 이러한 관점에서 볼 때 현대산업사회에 있어서 윤리의 필요성은 더욱 강조되어야 할 것이다.

또한 위에서와 같은 특성을 지니고 있는 현대사회에서 이상적인 직장을 만들기 위해 요구되는 윤리덕목으로는 다음과 같은 것들이 있을 수 있다.

첫째, 타인과의 관계 속에서 내가 상대방에 대하여 하여야 할 일을 자각하고 그것을 자기의 소명으로 받아들이는 의식과 태도가 필요하다. 이러한 의식과 태도를 가진 사람은 직장생활 속에서 내가 타인을 위해 무엇을 해야 하는가를 먼저 생각한다는 점에서 봉사와 희생정신의 기초가 된다.

둘째, 책임의식이 필요하다. 자본주의 사회에서는 사유재산을 개인이 자유롭게 사용·수익·처분할 수 있는 권리가 법률적으로 보장되어 있다 하더라도 그것은 어디까지나 사회공공의 복리나 질서를 해치지 않는 범주 내에서만 가능하다.

많은 재산을 가진 재력가라 할지라도 매점매석을 하는 행위나 정당성의 훼손이나 사회규범과 질서를 저해하는 경제행위는 제한과 제재를 받을 수밖에 없다. 따라서 높은 수익성이 기술적으로 가능하다고 해서 부정한 방법으로 경제활동을 한다든지, 사회에 유해한 제품과 서비스를 제공할 수는 없는 것이다.

이와 마찬가지로 직장인은 직장의 규칙과 사회의 규범, 인간의 윤리 등의 범주 내에서 자시의 직무를 완수해야 할 책임이 있는 것이며 이러한 책임의식이 결여되어 있을 때 직장과 사회에 무질서와 손실을 초래할 수밖에 없다는 사실을 우리는 깊이 인식해야 할 것이다.

셋째, 장인정신이 필요하다. 오늘날 현대산업사회에서는 대량생산체제가 확립되면서 모든 제품이 표준화·기계화되었고 도제제도나 장인도 점차 사라지고 있는 추세지만, 지난날 장인들이 가지고 있었던 직업정신만은 소중히 여기지 않을 수 없다.

자신이 하고 있는 일을 예술과 도의 경지로까지 승화시킬 수 있는 직업정신을 가지고 직업생활을 영위하는 사람과 자신이 맡은 직무에 정성을 다하는 사람들이 많으면 많을수록 그 사회는 경제적·문화적으로 크게 발전하지 않을 수 없을 것이다.

넷째, 직업에 대한 귀천의식이 없어야 한다. 직업에 대한 편견과 차별의식이 존재하는 사회에서는 이상적인 직장생활이 영위될 수 없다.

자시의 능력과 적성을 고려하여 직업을 선택하고 투철한 장인정신으로 각자의 역할과 임무를 성실히 완수하고자 할 때, 우리의 삶과 질은 보다 향상될 수 있을 것이고 바람직한 직업윤리의 장착도 가능하게 될 것이다.

다섯째, 금욕정신이 필요하다. 일찍이 브렌타노(L. Brenatano)는 영리추구에 대한 욕망을, 좀바르트(W. Sombart)는 기업가정신·시민정신·합리주의를, 그리고 베버는 금욕적 근면을 자본주의 정신의 원동력으로 보았다. 이러한 자본주의정신이야말로 우리에게 건전하고 합리적인 직업윤리관을 갖게 하는 토대가 될 수 있을 것이다.

제2절 기업역할의 변화와 기업윤리

기업역할의 변화와 기업윤리의 발전에 관해서는 여러 가지 관점에서 고찰할 수 있다. 본 절에서는 첫째, 지배자본의 성격변화에 따라 둘째, 경제사회의 시대적 구분에 따라 셋째, 경영이념이나 목적의 변화에 따라 기업의 역할과 기업윤리가 어떻게 변화되었는지를 살펴보도록 한다.

1. 지배자본의 성격변화와 기업윤리

지배자본의 성격변화에 따라 기업역할과 기업윤리가 어떻게 변화되었는지를 살펴보면 다음과 같다.

1) 상업자본 또는 산업자본주의

이 시기는 16세기에서 18세기까지의 기간에 해당되는데 이 시기에서는 소유와 경영이 분리되지 않았기 때문에 기업의 경영은 자본가에게 맡겨지고 이윤은 바로 그 소유경영자의 것이 되므로 경영이념은 극대이윤에 초점을 맞추게 된다고 볼 수 있다. 이렇게 상업자본주의와 산업자본주의시대에는 자본 자체의 논리에 따라 이윤추구가 기업의 목적이 되고, 따라서 수익성추구를 통한 극대이윤의 실현이 경영의 지도원리가 되는 것이다. 그러므로 이 시기의 기업윤리는 기업이 도의적·자선적 차원에서 베푸는 온정적·시혜적 성격을 띠었다고 할 수 있다.

2) 독점자본과 금융자본주의

이 시기(19세기)에서의 기업은 양적으로 대형화되고 질적으로 복잡화됨에 따라 기업을 경영하는 데 있어서 전문적인 지식과 기능이 필요하게 되었다. 따라서 소유경영자인 자본가는 기업경영에 한계를 느끼게 되어 전문적인 지식과 기능을 가진 사람을 고용하여 그에게 기업경영의 일부를 위임하게 되었다.

이 시기의 경영이념은 이해관계자 집단의 이해 조정에 주안점을 두게 되었고, 경제성과 생산성의 추구가 기업경영의 목표가 되었다고 볼 수 있다. 이때의 기업윤리는 이해관계자 집단의 이해조정과 노사관계의 완화 혹은 조화에 초점을 맞추게 되었고 따라서 이 시기의 기업윤리는 완화적·조화적 성격을 띠고 있다고 할 수 있을 것이다.

3) 대중자본과 경영자자본주의

자본소유가 특정인의 수중에서 벗어나 대중에게 고도로 분산됨에 따라 기업경영은 대중의 이익도 고려하지 않을 수 없게 되었다. 그리하여 기업은 사회적 기능으로서의 성격을 띠게 되었고 기업의 사회적 역할이 중요하게 됨으로써 전문경영자의 출현이 불가피하게 되었다.

이 시기(20세기 이후)에서의 기업은 그 성격상 사회적 기관으로서 혁신성과 윤리성을 중요시하게 되고, 일반대중의 삶의 질을 높이는 방향으로 그 이념을 바꾸지 않을 수 없게 되었다. 따라서 이 시기의 기업윤리는 시혜적이거나 완화적 성격으로부터 대중적·사회적 성격으로 변모하게 되었다고 볼 수 있다.

2. 시대적 구분에 따른 기업윤리

경제사회를 크게 초기 자본주의사회, 근대 자본주의사회, 현대 자본주의사회로 구분하여 각 단계별 기업역할과 기업윤리를 살펴보도록 한다.

1) 초기 자본주의사회

이 시기에서의 기업의 역할은 경제적 기능의 수행이었다. 즉 기업은 경제적 기능으로서 사회의 경제적 필요를 충족시켜 주기만 하면 되는 것이다. 이렇게 경제적 기능을 효율적으로 수행하는 기업이 바로 책임 있는 기업이며 윤리성이 높은 기업이 되는 것이다.

여기서 경제적 기능이란 소비자가 필요로 하는 재화와 용역을 생산·공급하여 그들의 경제적 욕구를 충족시키는 것을 의미한다.

2) 근대적 자본주의사회

기업이 점차 대규모화되고, 기업의 영향력이 점차 증가됨에 따라 기업은 단순한 경제적 기관에 머무르지 않고 하나의 사회적 기관으로서의 성격을 지니게 되어 경제적 기능과 더불어 사회적 문제해결에도 적극적으로 참여하는 사회적 기능도 수행하지 않으면 안 되게 되었다. 그러므로 이 단계에서는 그러한 사회적 기능을 효율적으로 수행하는 기업이 바로 윤리성이 높은 기업이 되는 것이다.

3) 현대적 자본주의사회

이 시기에서는 기업활동의 핵심자원이 물자에서 인간으로 바뀌어 짐에 따라 자본 중심의 경영에서 인간존중의 경영으로 변화되는 등 기업체질의 변화가 불가피하게 되었다. 뿐만 아니라 사회전반의 생활수준과 의식수준이 높아짐에 따라 사람들이 생활의 질을 추구하게 되었다.

따라서 기업은 경제적 기능과 사회적 기능의 수행뿐만 아니라 윤리적인 측면에서도 신뢰받을 수 있는 경영활동을 수행하지 않으면 안 되게 되었고, 나아가서 윤리적 사회환경 조성 기능까지도 수행하지 않을 수 없게 되었다고 할 수 있다.

제3절 한국기업의 기업윤리

자본주의가 비교적 늦게 도입된 우리나라의 경우는 선진국 자본주의의 일반적인 발전과정이나 속성과는 다른 특징을 가지고 있다고 할 수 있다. 즉, 우리나라는 선진산업국들이 밟아온 자본주의의 역사적 진화과정을 거치지 않고 자립경제의 달성이라는 역사적 대명제 아래 국가가 주도권을 갖고 강력한 경제개발 의지와 힘을 기반으로 국민경제의 개발을 주도해 왔다는 특징을 지니고 있는데, 이러한 정부의 의지는 계획적 경제개발로 나타나게 되어 이른바 국가자본주의 혹은 계획적 자본주의를 이룩했다고 볼 수 있다.

그리하여 우리나라 경제는 과거 30년간에 이른바 '한강의 기적'이라고 불릴 정도로 눈부신 고도성장을 이루어 왔다. 그러나 1990년대에 들어와서는 내외환경과 여건의 불리한 변화로 성장속도가 둔화되면서 급기야는 유동성 부족으로 인한 외환위기까지 초래하였으나 2000년대에 들어서면서 그 해결의 실마리를 찾게 되었다.

다음에서는 보다 구체적으로 우리나라 기업의 성장·발전단계를 크게 1945년 광복 이후부터 1961년까지 근대적 형태의 기업이 형성되기 시작한 형성기와 1962년부터 1976년까지 3차에 걸친 정부주도의 5개년 경제개발정책에 따라 기업이 고도성장을 이룩한 성장기, 1977년부터 1986년까지 제4, 5차 경제개발계획이 시행되는 동안 성장기반을 견고하게 하여 경제안정기반의 정착을 이룩한 발전기, 그리고 제6차 5개년 경제개발계획이 실시되기 시작한 1987년 이후 오늘날까지의 조정기의 네 단계로 구분하여 해당 시기에서의 기업의 역할과 기업윤리의 발전과정을 살펴보도록 한다.[10]

1. 형성기(1945년~1961년)

광복 이후 6·25의 혼란을 겪으면서 귀속재산의 불하와 외국의 원조에 의지하여 우리나라 기업이 그 모습을 갖추기 시작한 요람기로, 이 시기의 기업들은 전쟁으로 파괴된 시설의 복구와 생산의 증대에 초점을 맞추었다고 볼 수 있다. 따라서 이 시기에는 아직 기업윤리를 고려할 만한 겨를이 없었다고 보아야 하겠다.

---

10) 윤대혁(2005), 앞의 저서, pp.97-100.

2. 성장기(1962년~1976년)

이 시기 우리나라의 기업은 정부주도 하에 외자도입, 베트남전쟁 특수경기 등의 경영외적 요인에 의해 성장하기 시작하였다. 이어서 제3차 경제개발계획이 시행된 1970년대는 수출증대에 의한 국제수지의 개선, 기업집단 위주의 경제성장, 중화학 공업의 확충 등에 중점을 둔 경제성장정책에 힘입어 오늘날의 재벌기업들이 크게 성장할 수 있었다.

이 시기 우리나라 기업의 경영이념 혹은 지향하는 목표는 생산증가와 시장 확대에 초점을 맞추게 되었다고 할 수 있다. 따라서 이때의 기업윤리는 소극적·수동적 성격을 띠고 있다고 할 수 있을 것이다.

3. 발전기(1977년~1986년)

1970년대 후반에 들어서서 정치·사회적 혼란으로 한국의 경제는 마이너스 성장을 기록하기도 하였으나 1980년대 중반부터 低유가·低금리·低달러가치 현상으로 활기를 되찾아 1987년 사상 처음으로 국제무역수지면에서 43억 달러의 흑자를 기록하는 등 한국은 눈부신 발전을 이룩하게 되었다.

또한 한국의 대기업들도 세계 우수기업들과 어깨를 나란히 견주며 경쟁할 수 있을 정도로의 성장·발전을 할 수 있는 기반을 다지게 되었다. 그러므로 이 시기의 경영이념이나 경영지향은 시장 확대와 고객 중심에 주안점을 두게 되었다고 볼 수 있다. 이 시기의 기업윤리는 보다 적극적이고 동태적인 성격을 띠게 되었다고 할 수 있다.

4. 조정기(1986년~현재)

제6차 경제개발계획이 시작되고 정치·경제·사회적으로 민주화의 소용돌이가 일어난 1987년 이후의 조정기에서는 특히 외환위기 사태 이후 기업의 사회적 책임과 윤리성 문제가 사회적으로 크게 부각되었고, 세계화·개방화가 촉진되어 국경 없는 무한경쟁의 시대에 돌입하게 되었다.

그리하여 오늘날의 기업들은 생활의 질 향상과 환경 및 자원의 보전에 중점으로 두는 방향으로 변화되지 않을 수 없게 되었고, 기업윤리는 대중적·사회적인 성격을 띠게 되었다고 할 수 있다.

제 6 장

기업윤리강령

제1절 윤리경영의 개념과 필요성 및 국제적 동향

1. 윤리경영의 개념

윤리경영이란 기업이 시장의 윤리, 즉 시장의 질서를 준수하는 동시에 사회적 실체로서 권리와 의무를 다하는 경영을 말한다. 즉, 법·제도의 준수는 물론이고 시대마다 조금씩 다르게 요구되는 '기업의 사회적 책임'을 다하는 경영을 의미하는 것이다. 기업의 사회적 책임은 크게 ① 경제적 책임, ② 법적 책임, ③ 윤리적 책임, ④ 자선적 책임 등으로 대별할 수 있다.[11]

---

11) 앞서 언급한 바와 같이 이는 캐롤의 4차원 분류에 의해 나눈 것임.

1) 경제적 책임

기업의 경제적 책임이란 사회적으로 필요한 제품과 서비스를 생산하여 적절한 가격에 판매하고, 그 결과 기업을 계속 영위하고 투자자들에게 보상이 가능한 이윤을 창출하는 책임을 말한다. 이는 기업 본연의 존재목적이라고 할 수 있다.

이렇듯 기업은 경제적 책임을 통해 부가가치 창출은 물론 고용 및 유효수요 창출 등의 사회적 기여를 하는 것이다. 1980년대까지 국내기업들의 주된 사회적 책임은 주로 이러한 경제적 책임에 관한 것이었다.

2) 법적 책임

기업의 법적 책임이란 기업의 운영이 공정한 규칙 속에서 이루어져야 한다는 것을 말한다. 즉, 사회가 법을 통해 만들어 놓은 틀 속에서 기업경영을 해야 할 책임이 바로 기업의 법적 책임인 것이다. 1980년대 후반까지 고도성장을 일구는 등 '경제적 책임'에만 국한되던 기업의 사회적 책임은 민주화 열기와 함께 노동문제·환경문제 등 기업의 불법·탈법경영에 대한 전국민적 저항에 직면한 결과 법적 책임으로 무게중심이 옮겨지게 된다.

'경제적 책임'은 여전히 기업의 기본적인 존재목적인 동시에 기본적인 사회적 책임이 되고, 이에 부과하여 법적 실체로서 준법에 대한 책임이 강조되었던 것이다. 이는 최근에도 기업의 사회적 책임과 윤리경영을 논의하기에 앞서 기업의 경제적 책임과 함께 가장 기본적인 책임이 되었다.

3) 윤리적 책임

기업이 국가경제 및 국민생활에서 차지하는 비중이 점점 더 커지고 그 영향력도 커지자 사회는 다시 기업에게 '경제적 책임'과 '법적 책임' 이외에 그 이상의 것을 요구하게 되었다. '윤리적 책임'과 '자선적 책임'이 그것이다.

'윤리적 책임'이란 비록 법적으로 공식화되지는 않았지만 사회가 기대하고 요구하는 바를 충족시킬 수 있어야 한다는 것을 말한다. 즉 소비자·근로자·투자자 등의 기대, 기준, 가치에 합당하는 행동을 해야 할 책임을 의미하는 것이다.

4) 자선적 책임

'자선적 책임'이란 자발적인 책임의 수행, 경영활동과는 직접 관련이 없는 문화활동, 기부, 자원봉사 등을 의미한다.

최근 들어 한국사회에서 급속히 이루어진 시민사회의 발달과 자선문화의 진전은 기업의 자각과 더불어 '윤리적 책임'과 '자선적 책임'을 강화시키는 결정적 계기가 된 것으로 보인다. 소비자보호운동과 소액주주운동, 그리고 전문적 기부단체의 출현이 결과적으로 기업윤리경영의 수준을 한 차원 높이는 데 기여한 것이다.

2. 윤리경영의 필요성

위에서 언급한 기업의 사회적 책임은 기업이 윤리경영을 하기 위한 전제조건이 된다. 기업이 법과 사회가 요구하는 '기업의 사회적 책임'을 다함과 동시에 법·제도의 범위가 미치지 않는 분야에서도 시장의 윤리와 질서를 준수하는 것이 바로 윤리경영의 핵심적 개념라고 할 수 있다.

기업의 사회적 책임완수와 윤리경영은 시민사회, 국가, 기업이 공존·

공영하기 위한 전제조건의 하나이다. 과거 경제성장이 국가적 과제가 되었을 당시에는 국가와 기업간에 협력적 관계가 형성되어 시민사회와 국가·기업간의 연대는 일종의 대립관계를 형성하였던 것이다.

그러나 최근에 이르러 시민사회와 국가간의 연대관계가 형성되기 시작하였고 그 결과 기업은 개혁의 대상으로 비춰지는 측면이 있기도 하였다.

윤리경영과 기업의 사회적 책임완수는 이러한 사회적 분위기를 전환시킬 수 있는 단초를 제공한다. 즉, 개혁의 대상에서 개혁의 주체로 거듭나기 위한 자체 개혁 프로그램이 윤리경영 및 사회적 책임완수가 되는 것이다. 이런 점에서 윤리경영의 필요성은 장기든 단기든 우리 기업이 사회적·경제적으로 생존할 수 있게 하는 매우 강력한 동기가 된다.

많은 기업들이 윤리경영을 훌륭히 수행하는 기업이 기업의 가치나 성과도 좋을 것이라고 믿고 있으며 사실이 그렇다. 그러나 CEO들에게 윤리경영의 필요성을 말할 때, 윤리경영을 하는 기업은 기업이 경영성과가 좋기 때문에 윤리경영을 적극 실천하라고 말하는 것은 경영의 프로인 CEO들의 입장에서는 선뜻 용납하기가 힘들다. 윤리경영의 정착과 이를 통한 기업의 성과는 어느 정도 시간을 필요로 하며 경영의 성과만을 위해서 윤리경영을 한다는 데는 동의하기 어려운 부분이 있기 때문이다.

3. 윤리경영의 국제적 동향

최근 윤리경영의 국제적 동향은 표준화와 의무화로 요약된다. 국제표준화협회(ISO)의 소비자정책위원회(COPOLCO)와 윤리임원협회(EOA)에 의해 주도되고 있는 표준화 논의는 이미 상당한 진전을 이루고 있다.

ISO의 기업윤리표준안 마련이 소관 위원회의 명칭에서 알 수 있듯이 소비자단체를 중심으로 이루어지고 있는데 비해, EOA의 표준안 마련 작업은 기업 주도로 이루어지고 있다는 점에서 차이가 있다.

ISO는 표준안 인증기구로서 기술적 인준이 아닌 윤리경영의 표준화에 있어서 최소한의 기준을 선정, 이를 표준화하려 하고 있는 반면에 EOA는 미국의 600여개 기업이 참가하고 있는 경제단체로서 미국기업의 이해와 요구를 대변하는 단체이다. 따라서 EOA가 추진하는 기업윤리 표준안은 1991년에 마련된 미국 연방판결지침과 매우 흡사한 내용으로 구성되어 있다.

이러한 윤리경영에 대한 표준화 움직임과 함께 엔론, 월드컴 등 분식회계로 홍역을 겪은 미국에서는 뉴욕증권거래소 상장기업들에게 윤리헌장 제정 및 그 실천을 의무화하고 있다. 뉴욕증권거래소의 윤리경영 의무화 지침은 윤리경영기업에게는 민·형사사건에 대해서는 가중처벌하는 내용의 연방 판결지침과 함께 미국기업들이 윤리경영에 적극적으로 나서게 하는 제도적 장치가 되고 있다. 즉 미국기업들에게는 윤리경영이 더 이상 덕목이 아닌 필수가 되어 가고 있음을 나타내는 것이다.

미국, 유럽 등 선진국을 중심으로 진행되고 있는 이러한 윤리경영 의무화·표준화 논의는 우리나라 기업들이 윤리경영에 대해 보다 적극적인 자세로 임해야 함을 잘 보여주고 있다.

이를 뒷받침하듯 2002년 8월 실시한 기업윤리실태조사 결과에 따르면 우리나라 기업들도 이제는 이익극대화와 고용창출을 통해 사회적 책임을 다했던 개발연대 기업의 지위와 역할이 사회적으로 '올바른 일을 하는 것', '이익의 적정한 환수를 통해 사회의 발전에 공헌하는 것' 등으로 바뀌고 있음을 보여주고 있다.

우리나라 기업이 윤리경영을 더욱 적극적으로 추진해가기 위해서는 CEO를 비롯한 회사 경영층의 결연한 의지와 윤리헌장 제정, 전담부서 설치, 교육 강화 등 제도적 노력이 뒷받침되어야 할 것이다. 또한 윤리경영을 추진하는 기업에 대해서는 그 정착을 위해 정부의 정책적 배려 또는 인센티브도 필수적이라 할 것이다.

그러나 무엇보다도 중요한 것은 윤리경영과 기업의 사회적 책임을 바라보는 인식의 근본적 재고찰이며 이를 통해 장기적이고 근본적인 윤리경영, 정도경영 비전을 마련하고 이를 지속적으로 실천해 나가려는 의지일 것이다.

제2절 기업윤리강령의 제정

기업윤리는 문서화 및 제도화하여 이를 종업원이 인식하고 공감하여 실천하여야 하고, 또한 기업의 이해관계자 집단에게 널리 알려야 한다. 이는 기업 자체뿐만 아니라 종업원에게도 회사의 기업윤리는 선언적인 것이 아니며 실천을 강조하는 효과가 있다. 이를 실천하지 않았을 경우 기업의 이미지 하락과 기업의 손실을 가져온다는 것을 인식하여야 한다.

이제 우리나라에서도 윤리경영이 최대 화두로 떠오르고 있다. 주요 대기업들은 물론 지역기업들까지 앞 다퉈 기업윤리강령을 제정하고, 윤리경영 실천을 천명하는 등 윤리경영이 붐을 이루고 있다.

이는 윤리경영을 통해 글로벌 스탠다드에 부응하고 국내외 시장으로 부터 신뢰를 받아 기업 스스로 경쟁력을 갖춰야 한다는 절박함이 깔려 있는 것이다.

1. 기업윤리강령의 목적과 활용

기업윤리강령은 기업이 지향하는 수준의 기업윤리의 높이를 정해 놓 고, 전체 종업원들이 그 수준에 맞는 행동을 하도록 하는 데 그 기본

목적이 있다. 따라서 기업은 최고경영자 및 임원이나 종업원의 윤리적·도덕적 신념과 수준을 대내·외에 공개적으로 천명하고 동시에 윤리적 분위기를 조성하여 확산시키려는 것이다.

따라서 기업윤리강령은 다음과 같은 역할을 수행할 수 있을 것이다.

첫째, 기업윤리강령은 구성원들에게 행위의 기준을 제공한다. 즉, 종업원들에게 윤리적으로 옳고 그른 판단의 기준을 제공함과 동시에 해야 할 일과 해서는 안 될 일을 구분할 수 있는 기준을 제공한다.

둘째, 기업윤리강령은 윤리적인 문제발생을 사전에 예방한다. 즉 종업원들에게 '해서는 안 될 일'과 '해야 할 일'에 대한 명확한 판단력을 갖게 함으로써 윤리적인 문제로 사회적 비판을 받거나 정부의 간섭을 받는 일이 발생하지 않도록 사전 예방하는 효과를 기대할 수 있다.

셋째, 기업윤리강령은 경영관리의 기준을 제공한다. 즉, 기업의 경영전략, 집행계획, 교육프로그램에 윤리관련 요소를 어느 정도 수준에서 포함시켜야 할 것인가에 대한 기준을 제공한다. 특히 기업의 전략목표 설정, 경영관리 집행계획, 인사관리, 신규사원채용, 마케팅활동 등을 위한 기본이 된다.

넷째, 기업윤리강령은 비윤리적 압력을 회피한다. 즉 종업원들이 내·외부에서 비윤리적인 압력이나 간섭을 받을 경우, 여기에 대항할 수 있는 근거를 제공한다. 즉, 종업원 행동준칙에 금지된 사항이면 상사의 명령이라도 거절할 수 있는 근거가 된다.

2. 기업윤리강령의 주요 내용

일반적으로 윤리강령에는 기업이 추구하는 가치와 목표를 제시하는 내용을 담고 있다. 이는 기업이 이해관계자 집단에 대한 책임과 의무를 규정하며 인간성, 사회성, 도덕성 및 공정분배를 기본정신으로 하고

'우리는 누구이며, 무엇을 하며, 무엇을 위하여, 무엇을 믿는가?'를 나
타낸다. 물론 여기에서의 '우리'는 기업과 종업원을 가리킨다.

선진국의 일류기업 윤리정책에서는 기업윤리강령을 통해서'비전(vision),
의무(mission), 가치(value), 목적(objectives)' 등을 나타낸다. 한편 우리나
라 기업들이 제정한 윤리강령의 주요 내용을 살펴보면 다음과 같다.

첫째, 내부 규정준수와 협력업체와의 관계에서 지켜야 할 윤리규정
둘째, 주주, 고객, 종업원과의 관계에서 지켜야 할 윤리규정
셋째, 환경보전 및 사회봉사에 관한 내용

그리고 실천되기를 바라는 윤리강령과 종업원 행동준칙에는 다음의
내용들이 포함되어야 할 것이다.

(1) 윤리성 판단기준

비록 목적이 '선'이라도 그 목적을 달성하는 수단이 비윤리적이라면
그 행위는 비윤리적이 되므로 하지 말아야 한다는 뜻이 윤리강령에 명
확히 표현되어야 한다.

(2) 내부자 고발 의무화

회사 내에 누군가가 윤리강령에 위배되는 행위를 하고 있다는 사실
을 알게 된 사람은 그 사실을 상사에게 알려야 하며, 그렇게 하는 것
이 종업원 행동준칙을 지키는 것임을 윤리강령에 명백히 밝혀야 한다.

(3) 명백한 처벌 규정

윤리강령이 제대로 실천되기 위해서는 구성원이 윤리강령을 위반하

였을 때 어떠한 처벌을 받게 되는지가 분명해야 한다. 비록 회사를 위해 한 일일지라도 윤리강령을 위반하였다면 당사자는 처벌받게 된다는 사실을 행동강령에 명시해야 한다.

(4) 경영책임과 윤리책임의 분리

임원들이 비윤리적인 의사결정이나 행위를 하였을 경우, 특히 불법 행위를 지시하였을 경우에는 비록 회사의 이익을 위해 한 일일지라도 개인책임을 면할 수 없다는 사실을 명확히 해 두어야 한다.

(5) 범세계적 윤리강령

해외에 지사나 자회사를 가진 기업의 경우, 기본적으로 윤리강령은 '범세계적'으로 동일하게 적용되어야 한다.

3. 기업윤리강령의 구성

기업윤리강령은 그 내용을 개괄적으로 표현할 수 있고, 구체적인 행동준칙으로 표현될 수 있다. 일반적으로 기업윤리강령에는 기업의 선량한 종업원으로서 어떻게 행동하여야 할 것인가를 주요 내용으로 담고 있는데 구체적인 내용을 살펴보면 다음과 같다.

(1) 전 문

일반적으로 윤리강령 전문에는 기업의 기본적 가치관과 구체적인 윤리강령의 내용을 지켜야 할 기본적인 필요성을 함께 명시하게 된다.

비록 내용이 추상적일지라도 구체적이고 확실한 메시지가 있어야 한다. 때로는 윤리강령에 대한 실천의지를 나타내기 위하여 강령위반사항에 관한 신고를 명시할 수도 있다.

(2) 윤리강령의 본문

기업윤리강령의 본문은 다음과 같은 내용으로 구성하는 것이 일반적이다.

첫째, 기업이 지향하는 기본이념이나 기본방침을 규정한다. 여기에는 기업이 지향하는 사회를 위한 가치창조와 사회적 공헌, 인간존중 등의 내용을 포함하게 된다.

둘째, 기업윤리강령은 종업원 개인의 이익과 기업의 이익이 충돌되지 않도록 규정하는 것이 좋다.

셋째, 기업윤리강령 준수를 위한 구체적인 지침을 명시한다. 특히 윤리강령 위반사실을 인지한 경우에는 내부고발을 의무화하고, 위반 시에는 처벌받게 된다는 사실을 명백히 밝혀두어야 한다.

(3) 서   약

끝으로 기업윤리강령을 준수하겠다는 서약을 받게 되는데 이때 구성원 모두에게 서약을 받는 경우도 있지만, 대개는 회사의 임원이나 부장급 이상을 대상으로 받는 것이 보통이다.

4. 기업윤리강령의 작성 절차

기업윤리강령의 일반적인 작성절차는 다음과 같다.

1) 기업윤리강령제정위원회의 구성

기업윤리강령이 제대로 실천되려면 무엇보다 구성원들의 동의와 적극적이고 능동적인 참여가 전제되어야 한다. 따라서 기업윤리강령을 제정함에 있어서는 다소 많은 시간이 소요된다고 할지라도 윤리강령의 작성과 토의 과정에 종업원 들을 비롯한 기업의 구성원 모두의 적극적인 참여와 의견이 반영되어야 할 것이다.

이렇게 하려면 먼저 기업 내에 '기업윤리강령제정위원회'와 같은 기업윤리제정 프로젝트 팀을 구성하여 기업윤리강령을 제정하기 위한 기획, 자료수집, 초안 작성, 토론회, 강령선포, 강령집행계획 작성 등의 활동을 수행할 수 있도록 하는 것이 좋다.

프로젝트 실무책임자는 직급이 높은 임원이 담당하는 것이 바람직하고, 감사실장, 기획실장, 총무담당이사 또는 인사부장이 실제적으로 책임업무를 수행하는 것이 효과적이다. 그리고 각 부서에서 한 명씩 위원을 임명하고 이 분야의 전문가를 자문위원으로 위촉하여 수시로 자문을 받을 수 있게 하는 것이 좋다.

2) 참고자료 수집

기업윤리강령을 작성하는 데 필요한 참고자료는 국내외 기업윤리관련 교과서 및 해설서는 물론이고 보다 구체적인 다음과 같은 자료들을 수집하는 것이 필요하다.

① 국제적 협정, 원칙, 지침 등, ② 정부의 규정이나 관련 법규, ③ 업계 및 경쟁회사들의 기업윤리헌장이나 기업윤리강령 및 종업원 행동지침 등이다.

3) 기업윤리강령 초안 작성

기업윤리강령의 초안은 수집된 참고자료에 대한 연구와 최고경영자의 생각 그리고 종업원들의 의견을 참고하여 작성한다.

'기업윤리수준은 최고경영자의 윤리수준 이상이 될 수는 없다'라는 말과 같이 기업윤리의 필요성에 대한 최고경영자의 확신과 기업윤리실천을 위한 의지 및 최고경영자가 바라는 윤리수준은 윤리강령을 작성함에 있어서 매우 중요하다. 또한 기업 내의 각 부서 담당자와의 면담을 통해 이들이 본 문제점과 생각 등 여러 가지 현장의 목소리를 청취하는 것이 중요하다.

4) 사내 토의

기업윤리강령 초안이 작성되면 먼저 종업원 대표회의를 소집하고 초안에 대한 토론과 공청회 등을 통해 구성원들의 의견을 들어야 할 것이다. 무엇보다 종업원들이 윤리강령을 실천함에 있어 야기될 수 있는 문제점에 대한 의견을 들어보아야 한다.

기업윤리강령 초안에 대한 사내 토론 결과를 토대로 이를 수정·보완하는 것이 좋다. 그리고 국제화·세계화의 진전이 가속화되고 있는 현실을 감안하여 모든 나라에 적용할 수 있는 '범세계적인 기업윤리강령'이 되도록 사전에 철저히 하는 것도 잊지 말아야 할 것이다.

5) 임직원의 행동준칙 제정

기업윤리강령은 기본적인 원칙만을 제시한 것이기 때문에 윤리경영의 실천을 위해서는 보다 구체적인 '행동지침'이 필요하다. 그리고 필요에 따라서는 종업원들이 흔히 당면하는 문제를 질의응답의 형식으로 설명할 수도 있는데 대개는 질의응답에 다음의 내용이 포함된다.

▷ 직접적인 기업이익과 윤리적 행위가 상충될 때의 행동요령
▷ 회사의 이익과 개인의 이익이 상충되는 예와 그 때의 행동요령
▷ 사내에서 비윤리적인 행위를 발견하였을 때의 내부고발 요령
▷ 종업원 행동준칙을 위반하였을 때의 처벌내용

6) 거래업자 행동준칙

기업윤리문제는 흔히 거래업자와의 관계에서 많이 발생한다. 거래업자의 일반적 행동을 본사가 간섭할 권리는 없지만, 거래업자가 본사와 거래할 때에는 본사에서 제정한 행동준칙을 준수할 것을 요구할 수는 있다.

일반적으로 거래업자 행동준칙은 본사의 종업원 행동준칙과 대동소이하다. 따라서 본사가 종업원들에게 금하고 있는 행동을 거래업자도 본사 종업원에게 하지 말 것을 요구하게 되는데, 만약 이를 위반할 경우에는 거래관계에 불이익을 감수해야 한다.

7) 기업윤리강령의 확정과 공표

회사는 이사회의 결의를 거쳐 기업윤리강령이 최종적으로 확정되면 이를 대내외에 선포해야 한다. 기업윤리강령을 공표할 때에는 강령내용대로 확실히 그리고 철저히 집행할 것이라는 최고경영자의 강력한 의지표현이 수반되어야 하고, 동시에 위반자에 대한 처벌내용도 함께 공표하는 것이 좋다.

마지막으로 종업원들로부터 공표된 기업윤리강령과 행동준칙을 준수하겠다는 서약을 받는데 일반적으로는 간부사원을 대상으로 서약서를 제출하게 한다.

제 7 장

기업윤리수준의 발전과 전망

제1절 기업윤리수준의 발전단계[12]

라이덴바흐와 로빈[13]은 기업윤리수준을 다음과 같은 5단계로 구분하였다.

1. 무도덕단계(amoral stage)

무도덕단계에서는 윤리적 문제에 대해 전혀 고려하지 않는다. 이 단계는 기업의 창업자와 경영자를 이해당사자로 보고 이익의 극대화를 행동의 주목적으로 한다. 만약 비윤리적인 행위를 하다가 드러나면 처벌을 받으며, 이익을 내기 위한 대가로 생각하고, 그래도 이익이 크면

---

12) 이종영(1999), 「기업윤리」, 삼영사, pp.87-89.
13) Reidenbach, R. E. and Robin, D. P.(1991), "A Conceptional Model of Corporate Model Development," *Journal of Business Ethics,* April.

그러한 비용을 감수한다.

2. 준법단계(legalistic stage)

제2단계는 준법단계로서 기업이 윤리적으로 행동하려고 노력은 아니할지라도 적어도 법규는 준수하려고 하는 단계를 말한다. 따라서 기업의 윤리적 의무는 법규를 어기지 않으면 된다고 보고 그 이상의 노력은 하지 않는다.

3. 대응단계(responsive stage)

제3단계는 대응단계로서 기업이 윤리적 문제를 생각하고 관심을 갖는 단계이다. 즉 기업은 사회적 책임을 인식하기 시작하고 회사의 공장, 사업장이 있는 지역 주민들과의 이해관계를 고려하며, 대외적 이미지를 고려한다. 그러나 기업은 이윤극대화를 여전히 먼저 생각하고, 그것을 위해 윤리적인 경영을 할 뿐이다.

4. 윤리관 태동단계(emerging ethical stage)

제4단계는 윤리관 태동단계로서 기업의 이익과 기업윤리의 균형을 찾으려고 노력하는 단계이다. 따라서 기업윤리를 반영하여 기업의 목적, 경영이념 등을 규정한다. 기업윤리강령의 제정, 기업윤리위원회의 운영, 윤리문제를 인사고과에 반영시키고 때로는 기업의 이익보다 기업윤리를 중시한다.

5. 윤리선진단계(developed ethical stage)

제5단계는 윤리선진단계로서 기업이 명확한 윤리관과 윤리원칙을 천명하여 모든 구성원들이 윤리원칙에 따라 윤리관련 기업의 제문제들을 개선하고 해결하게 한다.

이 단계에서는 기업의 이익보다 기업윤리를 우선적으로 고려하게 되는데, 우리나라에는 이 단계에 이른 기업이 많지 않은 것 같다.

이상과 같은 윤리발전단계에 관한 이론이 아직은 개념에 불과하지만 다음과 같은 시사점을 제공해 준다.

첫째, 기업윤리수준의 변화는 경영자의 노력에 영향을 준다.

둘째, 윤리수준을 제고하려면 때로는 기업의 경제적 이익을 단기적으로 희생시켜야 할 경우도 있다.

셋째, 윤리신조, 윤리강령의 제정과 발표, 윤리위원회의 조직 및 가동 등 기업윤리에 관한 기업의 방침을 천명하고 그 실천을 제도화해야 한다.

제2절 기업윤리수준의 제고 방안

기업윤리의 설정·시행이 대단히 어렵더라도 기업과 경영자가 기업윤리를 제고하려면 기업행동의 기준·지침·규칙·규범이 되는 기업윤리요강을 우선 설정해야 한다.

기업윤리수준의 제고를 위해서는 다음과 같은 점에 노력해야 할 것이다.

1. 최고경영자의 윤리의식 제고

경영자들은 기업윤리의 실천이 곧 경쟁력이며 기업성과에 긍정적 영향을 미친다는 사실을 인식하여 전사적인 윤리경영실천을 위해서 경영자의 윤리적 경영철학을 확고히 해야 한다. 기업윤리수준을 결정하는 중요한 요소의 하나는 최고경영자의 도덕성과 경영철학 그리고 그의 태도라 할 수 있다. 최고경영자의 최고윤리·도덕성은 그가 내리는 모든 의사결정과 행동에 큰 영향을 미치고, 그 결과 바로 기업의 윤리수준 결정에 커다란 영향을 미치고 있기 때문에 무엇보다 먼저 최고경영자의 윤리의식을 제고하도록 노력해야 할 것이다.

최고경영자가 의사결정을 내릴 때에는 그 결과가 대·내외적으로 미칠 파급효과를 고려하여 윤리·도덕적인 측면에 보다 깊은 관심을 가지고 임해야 한다. 또한 최고경영자가 자신의 생각과 말과 행동이 조직 전체의 분위기에 미치는 영향이 매우 크다는 사실을 깊이 인식하여 윤리수준의 향상에 솔선수범하여 모범을 보여야 한다. 경영자가 아무리 윤리성을 강조한다 하더라도 그가 먼저 말과 행동으로 모범을 보이지 않는다면 조직 구성원들은 윤리적인 측면에서 잘 호응하지 않을 것이고, 따라서 기업의 윤리수준은 높아질 수 없게 될 것이다.

최고경영자의 윤리의식을 우선적으로 제고한 다음 기업경영의 투명성과 적극성을 중심으로 윤리실천 경영전략을 적극적으로 추진해야 한다. 기업경영윤리의 결정은 기업의 국제신인도 향상과 투자자들이 기업을 신뢰하고 투자할 수 있는 분위기 형성에 있어서 근간이 되기 때문이다.

2. 종업원의 윤리의식 제고

종업원들은 고객이나 이해관계자 집단을 직접적으로 상대하고 그러한 대외적대인 관계에 있어서의 성실성과 친절이 바로 기업의 신뢰성과 사회관계성 형성에 크게 영향을 미친다는 점에서 대외적 윤리성을 지니며, 산업현장에서 핵심적인 역할을 담당한다는 점에서 대내적인 윤리성을 지닌다고 할 수 있다. 그러므로 기업윤리수준의 향상과 직업윤리의 확립이 매우 중요한 과제가 된다.

치열한 국제경쟁 속에서 기업이 성장·발전하기 위해서는 생산성과 품질의 향상이 뒷받침되어야 하고 이러한 점에서 볼 때 종업원의 책임의식 및 윤리의식을 높이는 일은 매우 중요하다고 할 수 있다. 종업원의 윤리의식 수준을 높이기 위한 구체적인 방안으로는 종업원의 교육훈련과정에 윤리문제를 포함시켜 그들의 윤리의식을 확립하는 데 도움을 주는 방안과 그들의 근로의욕이 향상되도록 하는 제도적 장치를 마련해 주는 방안, 그리고 구성원에 대한 평가와 보상에 있어서 윤리성이 충분히 반영되도록 하는 방안이 있을 수 있다.

3. 윤리적 기업문화의 형성

기업문화가 조직구성원이 의사결정과 행동에 커다란 영향을 미치고 기업윤리수준의 결정에 중요한 요소로 작용하기 때문에 윤리성이 높은 기업문화를 형성하는 것이 바람직하다. 즉, 윤리적이고 도덕적인 측면이 강한 기업문화가 형성되어 있을수록 기업윤리수준은 높아지게 된다. 기업윤리수준의 높고 낮음을 결정하는 것은 조직구성원 개개인의 도덕성보다는 기업조직의 분위기 또는 기업문화가 좌우한다. 그러므로 모든 구성원이 공감하고 공유할 수 있는 가치기준이나 행동기준이 정립되고 윤리성이 높은 기업문화를 조성해야 할 것이다.

이를 위해서 경영자는 윤리적 행위에 대한 윤리강령과 정책의 제정 및 규정을 만들고 윤리적 행위에 대한 보상을 철저히 하고 비윤리적 행위에 대한 처벌 등을 통하여 조직의 윤리적 행위에 영향을 미칠 수 있는 윤리풍토를 만들어야 할 것이다.

4. 종업원 복지후생의 향상

기업윤리수준의 향상을 위해서는 종업원의 복지후생을 향상시키는 것이 바람직하다. 기업윤리수준에 영향을 미치는 개인적 차원의 영향요인 중에서 사회생활이나 직장생활에서 모든 의사결정이나 행동을 할 때 가족을 염두에 두는 것이 일반적이다. 그러므로 기업윤리수준을 향상시키기 위해서는 구성원의 가족에 대한 특별한 배려를 생각하지 않을 수 없다.

이에 관한 구체적인 방안으로서, 첫째, 구성원의 주택마련이나 자녀 학자금 등 가정생활에 관련되는 복지후생을 향상시키는 방안과 둘째, 관혼상제와 같은 경조사 때 예절이나 의식의 측면 혹은 경제적 측면을 지원해 주는 방안 셋째, 구성원 가족들이 기업을 이해하고 기업과 밀접한 관계를 맺을 수 있도록 하는 다양한 프로그램을 개발·실행하는 방안을 들 수 있다.

5. 평가시스템의 개선

기업구성원의 평가시스템에서 윤리적 측면이 경시되고 가시적 성과에 관한 것만이 중시되는 경우 기업구성원들은 가시적이고 경제적인 성과의 달성만을 추구하게 되고 윤리적 측면은 자연히 소홀하게 될 것이다. 그러므로 기업구성원에 대한 평가 및 보상체계를 기업윤리수준을 제고시킬 수 있는 방향으로 개선해야 할 것이다.

일반적으로 기업구성원은 누구나 의사결정을 하고 행동을 함에 있어서 평가시스템이나 보상시스템의 영향을 크게 받게 된다. 실제로도 기업조직에서 가시적 성과만이 중시되고 그러한 성과에 대한 압력이 클수록 기업윤리수준은 낮은 것이 일반적이다. 그러므로 구성원의 평가시스템에 윤리에 관한 항목을 높은 비중으로 포함시키고 그에 따라 적절한 보상이 이루어질 수 있도록 평가시스템을 개선하는 것이 기업윤리수준의 향상을 위해 필요하다.

6. 기업윤리 헌장의 제정

기업의 정책이나 규정에 윤리성이 결여되어 있을수록 그리고 조직구성원들의 행동에 비윤리적인 측면이 많을수록 기업윤리수준은 낮아지는 것이 일반적이다. 그러므로 기업구성원들의 행동이나 의사결정에 있어서의 기준과 규범이 될 수 있는 기업윤리헌장을 각 기업조직별로 제정하고 기업의 모든 구성원들이 이를 지키도록 하는 것이 기업의 윤리수준을 제고할 수 있는 방안이 될 수 있을 것이다.

7. 정부의 윤리경영 풍토 조성 및 법 제정

정부차원의 윤리경영 풍토 조성 및 그 정착을 위한 법과 제도의 지속적인 개선이 필요하다. 비윤리적 경영은 경영자 스스로의 문제일 뿐만 아니라 법과 제도를 포함한 사회전반에 걸친 비윤리적 풍토로부터 발생할 수 있다. 따라서 정부는 기업의 윤리경영 정착을 위한 환경조성에 적극적인 태도를 가져야 한다.

정부에서의 윤리경영 풍토 조성 및 관련법 제정에 대한 실행이 이루어지면 기업의 국가 경쟁력과 국제신인도를 높이는 데 크게 기여할 뿐만 아니라 기업윤리수준의 향상에도 도움을 주게 될 것이다.

제3부 환경문제와 기업의 사회적 책임

지난 한 세대 남짓 환경과 관련된 이슈는 그 어느 때보다 중요하게 다루어져 왔으며, 환경오염과 자원 고갈에 직면하여 지구촌의 장래를 염려하는 목소리는 새삼 관심을 끌기 어려울 만큼 확산되었다.

또한 최근에는 기업의 사회적 책임이나 지속가능성을 위한 노력 등 기업의 환경성과를 위험 관리 차원에서 평가하는 금융기관이 급속히 증가하여, 환경문제를 소홀히 다룰 경우 금융시장에서 조차도 기업의 가치를 제대로 인정하지 않는 상황이다.

따라서 본서는 환경경영이 추구하는 경제적 수익성과 환경적 건전성을 확보하기 위해 알아두어야 할 중요한 개념들과 최근 논의가 빠르게 진전되고 있는 환경경영전략에 대해 살펴보도록 한다.

제 8 장

환경경영에 대한 이해

제1절 환경문제의 이해

1. 환경문제의 역사적 배경

현재 인류가 당면한 환경문제는 18세기 산업혁명을 계기로 급속히 진행된 산업화 과정에서 나온 범지구적 과제라고 할 수 있다. 이러한 환경문제는 근원적으로 소비자의 욕구를 무한대로 충족시키면서 이윤을 추구하는 현대 산업사회의 규범 하에서는 그 해결책을 찾기가 매우 어렵다는 점에서 환경문제의 심각성은 더해진다.

기업의 모든 가치창출이 궁극적으로 소비자의 효용 증진을 통해 이루어지는 산업사회의 특성을 감안할 때 기업이 제품이나 서비스의 경쟁력을 높이기 위해서는 새로운 아이디어 발굴이나 첨단기술 개발에 전략적 우선순위를 두어야 함은 너무나 당연하다.

그러나 새로운 아이디어나 기술에는 높은 가치를 부여하면서도 환경오염 유발 요인이나 자원 감소 현상은 상대적으로 심각하게 여기지 않고, 에너지 및 천연자원 다소비형 산업이 점차 확대됨으로써 공해 유발형 생산구조가 가속화되는 현실은 필연적으로 환경파괴와 천연자원 고갈을 초래할 수밖에 없는 구조에 있다.

이러한 환경문제는 일찍이 산업화 과정을 먼저 경험한 서구 선진공업국에서 먼저 제기되었다. 이들은 보다 나은 생활을 영위하기 위해 자신들이 지향했던 대량생산 체제 중심의 공업화가 심각한 환경문제를 야기함으로써 인류에게 치명적인 영향을 미칠 수 있음을 인식했던 것이다.

1972년 스웨덴 스톡홀름에서 열린 '유엔인간환경회의(UNCHE: United Nations Conference on the Human Environment)'에서의 논의와 같은 해 로마클럽(Club of Rome)에서 발표한 충격적인 보고서 ≪성장의 한계(The Limits to Growth)≫를 통해 환경문제에 대한 인식은 급속히 확산되었다. 또한 곧이어 1973년과 1978년 두 차례에 걸쳐 불어 닥친 석유파동은 천연자원의 무절제한 사용에 대한 경각심을 불러 일으켰고 자원절약형 산업의 필요성이 강력하게 제기되었다.

실제로 이 시기에 많은 기업들은 천연자원 고갈에 대한 위기감을 느끼고 이에 대응하기 위한 경영전략의 일환으로 제품 경량화나 대체에너지 개발에 주력했으며, 선진국들은 국가적 차원의 대응책으로 환경보호 및 자원절약을 유도하기 위한 제도 개선에 박차를 가하기 시작하였다.

1982년에 열린 유엔 총회에서는 자연 생태계의 파괴 및 악화가 지나친 소비와 자연자원의 오용 때문이라는 인식 하에 24개항의 자연보호 원칙을 담은 '세계자연헌장'을 채택하였다.

한편 독일에서는 1984년 환경적 관점에서 기업경영 방법론을 연구하기 위해 '독일환경경영학회'가 출범하였고 1987년 유엔 '세계 환경개발위원회(WCED: World Commission on Environment and Development)'는 국제관계 및 세계경제의 관점에서 환경문제를 다룬 보고서 ≪우리 공동의 미래(Our Common Future)≫를 발표했고 여기에서 환경적 한계가 기술 및 사회적 구조에서 비롯된 문제임을 지적하였다.

이와 같은 국제사회의 움직임과 함께 1980년대에 발생한 보팔사고[1]와 미국 석유회사 엑슨(Exxon) 소속의 발데즈 호 사고[2] 등 대규모 환경오염 사건은 산업활동에 따른 환경파괴가 인류의 미래에 심각한 영향을 미칠 것이라는 우려를 한층 더 고조시켜, 환경문제에 대한 산업계의 대응을 가속화시키는 계기가 되었다.

1991년 4월, 네덜란드에서 열린 '환경경영을 위한 제2차 세계산업계회의(WICEM Ⅱ)'에서는 전 세계 7백여 명의 기업가가 모여 환경문제에 대한 산업계의 역할을 구체적으로 논의하였으며, 1992년 초 그 결과를 16개항에 담아 '지속가능한 발전을 위한 ICC 기업헌장'을 공표하였다.

이러한 산업계의 노력은 '지속가능발전기업협의회(BCSD: Business Council for Sustainable Development)'가 1992년 브라질 리우데자네이루에서 열린 '유엔환경개발회의(UNCED: UN Conference on Environment and Development)'에 즈음하여 발간한 《변화의 과정(Changing Course)》이라는 보고서에서 좀 더 구체화되었다. 리우 회의는 1972년 스톡홀름회의 이래 20년간을 끌어온 지구환경문제에 대한 종합적인 규범 체계 마련에 합의했다는 데 큰 의의가 있다.

2002년에는 리우 선언 이후 10년간의 성과를 검토하고 21세기의 과제를 논의하기 위한 '지속가능발전세계정상회의(WSSD: World Summit on Sustainable Development)'가 남아프리카공화국 요하네스버그에서 개최되었다.

---

1) 미국계 다국적 화학회사 유니언카바이드(Union Carbide)의 농약공장에서 발생한 유독성 화학물질 유출사건으로 1984년 인도의 보팔지역에서 발생하였다. 이 사고로 인한 사상자는 당시 파악된 수만 해도 1,408명에 달했다.
2) 1989년 알래스카 근해에서 발생한 엑슨의 유조선 발데즈 호의 기름 유출로 인한 해양오염 사건이다. 이 사고를 계기로 환경보호에 대한 산업계의 역할이 크게 강조되기 시작하였으며 산업계의 구체적 역할을 담은 10개항의 '발데즈 원칙(Valdez Principles)'이 제정·공표되었다.

이 회의에서 미국, 일본, 유럽연합 등 선진국들은 교육, 에너지, 아프리카 개발 등을 위한 지원을 천명하면서 개발도상국의 관리 시스템 개선을 요구하였다. 반면 개발도상국들은 선진국의 조건부 지원에 경계심을 나타내면서 GNP 0.7%의 공적개발원조(ODA) 제공 및 '공동의 그러나 차별화된 책임'을 강조하였다.

요하네스버그 회의의 또 다른 성과물이라 할 이행계획에는 빈곤퇴치, 소비와 생산, 천연자원의 보전과 관리, 이행수단 등 향후 10∼20년에 걸쳐 국가, 지역, 국제적 차원에서 달성해야 할 지속가능한 발전 이행안이 담겨 있다.[3]

2. 환경에 대한 시각

환경과 인간의 관계에 대한 시각은 인류의 역사와 함께 변화를 거듭해 왔다. 이러한 환경관의 변화는 환경에 대한 인간의 태도에 영향을 미쳐 종국에는 자연환경 또는 생태계에 엄청난 결과를 초래할 수 있다.

이렇게 볼 때 오늘날 인류가 당면한 환경문제는 환경을 바라보는 우리의 시각이 잘못된 데서 비롯되었다는 해석이 가능할 것이다. 일상생활이나 산업 활동을 통해 자연의 자기정화 능력을 초과하는 오염물질을 배출하거나 한정된 천연자원이 고갈 위험에 처할 정도의 생산·소비활동을 계속한다는 것은 바로 자연을 대하는 인간의 시각에 심각한 문제가 있다는 단적인 증거이다. 따라서 인류의 지속적인 생존을 위협하는 범지구적 환경문제 해결의 실마리는 일차적으로 인간의 환경관을 전면 재검토하는 데서 찾아야 할 것이다.

근대사회가 탄생한 17세기 이후 인류는 여러 차례 사상적 변화를 경험하였는데 21세기의 범지구적 환경 위기는 기존의 사회사상에서 다루

---

3) 이병욱, 황금주, 김남규(2005), 「환경경영」, 에코리브르, pp.17-24.

지 못한 자연의 권리에 관한 문제이므로 분명 새로운 사상적 패러다임을 필요로 하게 된다.

이러한 흐름에 기인하여 1970년대 초부터 서구에서는 '녹색사상'이 등장하였는데 이는 기존의 사회사상이 정립되는 데 소요된 기간에 비춰볼 때, 약 30년의 역사밖에 안 되는 짧은 역사로 인해 아직 논의의 시작 단계에 불과하다고 해도 과언이 아니다.

비록 아직까지 자연의 권리를 중심으로 하는 녹색사상이 정립되어 보편화된 것은 아니지만 새로운 자연관에 기초하여 환경문제에 접근할 필요성에 대해서는 광범위한 공감대가 형성되어 있다.

그러나 환경문제의 근원에 자리한 현대 산업사회의 구조적 한계에 대한 시각은 여전히 큰 편차를 보인다. 환경문제에 접근하고 이를 해석하는 입장은 다양한 부류로 나타나지만, 일반적으로 다음 네 가지로 분류할 수 있다.

현대의 환경관은 크게 기술중심주의(technocentrism) 또는 인간중심주의(anthropocentrism)와 생태중심주의(ecocentrism)로 나뉜다. 기술중심주의는 다시 낙관론자(optimist) 또는 성장론자(cornucopian)와 조화론자(accommodator)로 나뉘며, 생태중심주의는 환경보호론자(soft-environmentalist)와 절대환경론자(deep-ecologist) 또는 가이아주의(gaianism)로 구분할 수 있다.

현실적으로 이와 같은 네 가지 부류의 환경관은 이해관계자 사이에 다양하게 공존하고 있어 정부의 환경정책이나 기업의 경영전략 수립 과정에서 많은 혼란이 빚어지곤 한다. 즉 경제개발과 환경보존 가운데 어느 한쪽을 선택해야 하는 상황에서 서로 다른 입장의 이해관계자들이 관련되어 있을 경우 어떠한 환경적 입장에서 결론을 내려야 할 지 판단하기란 매우 어렵다. 물론 환경파괴에 대한 우려가 커질수록 생태중심주의에 입각하여 사회적 우선순위가 결정될 것임은 자명하다.

하지만 오늘날 범지구적 환경문제가 아무리 심각하다 해도 시간이 흐르면서 자연스럽게 인류의 환경관이 기술중심주의에서 생태중심주의로 이행하리라고는 보기 어렵다. 왜냐하면 현대 산업사회의 기존 질서에 기반 한 인간의 생활방식이 자연 생태계와 조화를 이루는 방향으로 변화하려면 획기적인 수정이 가해져야 하는데, 아직까지는 그럴 만한 여건이 충분히 조성되어 있지 않기 때문이다. 게다가 그러한 여건이 설령 조성된다 하더라도 기존 사회사상을 대체할 새로운 패러다임을 찾지 못하고 있다는 점이 커다란 제약요인으로 작용할 것이다.

그러나 산업계 입장에서는 현재 진행 중인 환경관의 변화를 매우 중요한 외부 여건의 하나로 신중히 검토할 수밖에 없다. 환경문제가 정치·사회·경제 분야에서 차지하는 비중이 점점 커지는 시점에서 이를 심각하게 고려하지 않고 수립한 중장기 사업전략은 그만큼 실패할 가능성이 높기 때문이다.

따라서 기업 경영자가 현대적 환경관의 변화를 면밀히 분석하여 그 결과를 경영전략에 반영한다면, 경쟁우위 확보는 물론 신규 사업기회 발굴에서도 유리한 입장에 설 수 있을 것이다.

3. 지구환경문제

세계 인구의 증가, 산업화 및 도시화에 따른 환경문제는 이미 인간의 일상생활 깊숙이 그 영향을 미치고 있으며, 환경오염이 자연 생태계에 미치는 부정적 영향은 과학적으로도 속속 입증되고 있다.

더구나 과거와는 달리 이제 환경오염의 피해는 특정 지역이나 국가에 국한되지 않고 전 세계에 영향을 미치는 범지구적인 현상이라는 점에서 문제의 심각성을 더한다. 따라서 화석연료의 대량 연소로 발생하는 지구 온난화와 산성비, 그리고 여러 화학물질 사용에 다른 오존층 파괴 등 범지구적 차원의 환경문제에 대한 국제적 대응책도 다양하게 마련되고 있다.

1) 지구 온난화(global warming)

지구 환경문제 가운데 가장 심각하고 해결이 곤란하며, 경제활동에 큰 영향을 미치는 것이 바로 지구 온난화이다. 지구 온난화는 이산화탄소(CO_2), 프레온가스(CFC), 질소화합물(NO_2), 대류권오존(O_3), 수증기, 메탄(CH_4), 아산화질소 등 대기 중의 미량 기체는 지구로 입사하는 태양에너지의 단파장 성분을 투과시키고 지구에서 반사하는 장파장 성분을 흡수하는 성질이 있다. 이 작용으로 지구의 온도는 이러한 대기 중의 기체들이 없는 경우에 비해 33℃ 높게 유지된다. 이러한 효과를 온실효과라고 하는 데 이를 일으키는 가스물질의 대기 중 농도가 상승함에 따라 지구의 평균 온도가 높아지는 현상이 지구 온난화이다.

이러한 온실효과의 가장 큰 주범은 이산화탄소로 자동차의 운행, 발전소와 철강·시멘트 공장 등의 가동을 위해 화석연료를 연소할 때 대기 중으로 다량 배출된다.

지구 온난화 현상의 인과관계에 대해서는 아직도 과학적으로 논란이 있지만, 현재와 같은 추세로 온실가스 배출이 지속되면 2025년에는 그 농도가 산업혁명 이전의 2배에 달하고, 기온은 1990년대 중반보다 평균 1℃가 상승하여 21세기 말에는 3℃ 상승할 것이며, 그 결과 남극과 북극의 빙하가 녹아내려 전 세계 해수면 높이가 최대 1m 상승할 것으로 과학자들은 예상하고 있다.

이 현상이 가속화되면 지구상의 연안 및 도서 지역의 상당 부분이 물에 잠길 것이며, 이상기온을 초래하여 자연 생태계의 질서가 파괴되고 농업 생산에도 큰 영향을 미치게 될 것이다.

이와 같은 지구 온난화의 심각성을 해소하기 위한 국제적인 노력은 1992년 리우 회의에서 채택된 유엔 '기후변화협약(Framework Convention on Climate Change)'으로 구체화되기 시작했다. 이 협약은 지구 온난화를 최소화하기 위해서 증가 추세인 대기 중 온실가스 농도를 안정화 시키는 데 그 목적을 두고 있으며, 이를 위한 각국의 의무사항, 재정 지원, 기술

이전 및 조직 등에 관한 내용을 담고 있다.

한편 온실가스 발생량의 감축은 각국 산업활동에 있어서 막대한 영향을 미치는 탓에 국가별 감축목표를 구체화하는 과정에서 많은 논란이 일었다. 그러나 각국의 서로 다른 이해관계에도 불구하고 결국 온실가스 감축목표를 규정한 교토의정서(Kyoto Protocol)가 채택되어 우선 선진국들로 하여금 이를 이행토록 하였다.

최근에는 선진국을 중심으로 '온실가스 배출권 거래제도'가 가시화되고 있으며, 이는 향후 각국의 에너지, 운송, 철강 및 시멘트 등 주요 산업에 엄청난 파장을 불러올 것으로 전망된다.

2) 오존층 파괴(depletion of ozone layer)

지구 온난화와 더불어 심각한 지구 환경문제의 하나로 제기되는 것은 성층권에 존재하는 오존층 파괴 현상이다. 오존층 파괴는 온실가스의 일종으로 지구 온난화에도 영향을 미치는 염화불화탄소(CFCs) 물질이 주된 요인으로 알려져 있다.

성층권의 오존층은 태양에서 지구로 내리쬐는 태양광 가운데 유해한 자외선이 지상에 도달하는 양을 대폭 줄이는 작용을 한다. 그러나 극히 안정적인 화합물인 염화불화탄소가 대기 중에 배출되어 잔존하면 지구 온난화를 야기할 뿐 아니라, 성층권에서는 광화학적으로 분해되어 염소를 발생시키는데, 이것이 오존과 반응하여 오존층을 파괴하게 된다.

이러한 염화불화탄소는 1930년대에 개발되어 분무식 스프레이 제품들과 냉각제, 스티로폼 등의 제품에 사용되어져 왔다.

그 결과 오존층의 파괴로 지상에 도달하는 자외선의 양이 크게 증가하여 피부암을 유발할 뿐만 아니라 유전자를 손상시켜 돌연변이 현상이 많아지는 등 자연 생태계에 많은 영향을 미치는 것으로 알려져 있다. 과학자들은 전세계적으로 보아 이러한 오존층이 매년 2~3%정도 파괴되고 있는 것으로 보고 있다.

　　이러한 문제에 대처하기 위한 국제적 노력의 일환으로 1987년 24개
국이 서명한 '몬트리올 의정서(Montreal Protocol)'가 채택되어 19889년
부터 발효되었으며, 1992년에는 우리나라도 여기에 가입하였다.

　　염화불화탄소, 할론 등 오존층을 파괴하는 물질의 생산 및 사용을
규제하기 위해 제정된 이 협약은 그 후 여러 차례 수정을 거쳐 내용을
점차 강화해 왔다. 몬트리올 의정서가 발효되면서 자동차, 냉장고, 에
어컨 등의 냉매나 반도체 세정제 등으로 사용되던 염화불화탄소 물질
의 생산 및 사용이 단계적으로 축소되거나 금지되어 각국의 산업 활동
에 엄청난 변화를 야기 시켰다.

　　미국의 듀폰과 영국의 ICI 등 전 세계적으로 이 물질의 공급을 주도
하던 다국적 화학회사들은 조기에 대체물질을 개발하여 세계 시장을
선점하려는 노력을 경주하게 되었으며, 이 물질을 제품에 사용하던 업
체들은 대체물질을 도입하기 위해서 생산제품의 설계 변경을 서두르기
에 이르렀다.

제2절 환경경영의 개념과 접근방법

　　1970년대 초 1차 석유파동을 계기로 지금까지 자본주의 경제체제 하
에서 진행되었던 성장 일변도의 경제발전론은 더 이상 최선이 될 수
없다는 비판이 강력하게 대두되었다. 이러한 인식의 배경에는 과거 수
십 년 동안 급격한 산업화 과정을 거치면서 자연을 대하는 인간의 자
세가 근본적으로 바뀌어야 한다는 자각이 자리 잡고 있었다.

1. 환경경영의 개념

오늘날 환경경영의 현실적 필요성이나 시대적 당위성에 대해서는 이미 상당한 공감대가 형성되었다. 지금까지의 환경경영에 대한 여러 학자들의 견해는 대체로 다음 두 가지 부류로 나눌 수 있다.

하나는 기업의 환경성과 개선을 위한 구체적 기능이나 방법을 중심으로 한 좁은 의미의 환경경영이며, 다른 하나는 환경문제가 전반적인 기업활동과 연계된다는 관점에서 기업의 환경측면을 경영전략 차원에서 해석하고 접근하려는 보다 넓은 의미의 환경경영이다.

환경경영을 "환경에 미치는 기업의 유해한 영향을 통제하고 감소시키는 것"이라고 설명한 월터스(T. Wolters) 등[4]이나 "오염의 사후처리 방식에서 탈피하여 폐기물 및 오염의 예방과 청정생산으로의 전환을 지원하는 일련의 기법과 실천수단"으로 해석한 크리스티(I. Christie) 등[5]의 견해는 좁은 의미의 정의라 할 수 있다.

반면 환경경영을 "기업의 환경적 입장을 검토하여 그 개선 방침이나 전략을 개발·시행함과 동시에 지속적인 개선 및 효과적인 관리 시스템을 갖추는 일련의 환경대응 활동"이라고 설명한 그레이(R. Gray) 등[6]이나 "기업의 경제적, 생태적 성과를 최적화하기 위해 환경보호를 기업의 전반적 경영활동에 통합하는 것"으로 해석한 노스(K. North)[7]의 견해는 보다 넓은 의미의 정의에 해당한다.

이러한 여러 견해를 종합해 볼 때 새로운 기업경영 패러다임으로서

---

4) Wolters, T., Bouman, M. and Peeters, M.(1995), "Environmental Management and Employment: Pollution Prevention Requires Significant Employee Participation," *Greener Management International,* 11, pp.63-72.

5) Christie, I., Rolfe, H. and Legard, R.(1995), 「Cleaner Production in Industry」, London: Policy Studies Institute, p.54.

6) Gray, R., Bebbington, J. and Walters, D.(1993), 「According for the Environment」, London: Paul Chapman,p.6.

7) North, K.(1992), 「Environmental Business Management」, Geneva: International Labor Organization, p.164.

의 환경경영은 "기업활동 전과정에 걸쳐 환경성과를 개선함으로써 경제적 수익성과 환경적 지속가능성을 동시에 추구하는 일련의 경영활동"이라고 다소 포괄적으로 정의할 수 있겠다.

2. 환경경영의 도입배경

환경경영은 범지구적 환경문제의 심화, 국내외 환경 규제의 강화, 소비자의 의식 변화, 환경비용의 증대, 환경단체의 압력, 환경 이미지의 중요성 증대 등과 같은 외부 여건의 변화에 따라, 전통적 경영 패러다임으로는 해결이 어려운 경제성과 환경성의 조화를 지향한다.

요컨대 기업이 환경경영에 관심을 갖고 이를 도입하여 실천하려는 까닭은 기업경영의 외부 여건이 환경을 중시하는 방향으로 전개되고 있기 때문이라 할 수 있다. 그러나 어떠한 변수가 환경경영의 도입을 촉진하는 주된 요인으로 작용하는지는 해당 기업의 특성이나 경영철학, 또는 시대적·지역적 상황에 따라 다를 수 있다.

스테거(U. Steger)[8]가 약 600개의 독일 기업을 대상으로 환경경영을 도입하게 된 동기를 조사한 바에 따르면 환경법규의 준수, 환경 관리의 효율성 제고, 기업 이미지 제고, 종업원에 대한 동기부여, 시장 기회 활용 등의 순서로 나타났다.

그리고 크리스티 등이 영국 기업을 대상으로 청정생산에 투자하게 된 이유를 조사한 결과는 환경법규 준수, 생산공정의 효율성 제고, 경쟁력 강화, 기업의 환경적 책임, 고객의 압력, 강화되는 법적 규제에 대한 대비 등의 순으로 응답자 수가 높게 나타났다.

한편 울프(R. Wolff)[9]가 스웨덴·노르웨이·핀란드 등 북유럽 3국의

---

8) Steger, U.(1993), "The Greening of the Board Room: How German Companies Are Dealing with Environmental Issues," *Environmental Strategies for Industry*, pp.147−166.

기업을 대상으로 환경경영 도입 동기를 조사한 결과를 보면 정부의 규제, 주주 및 투자자의 영향, 수익성 제고, 소비자의 인식 변화 등의 순으로 응답자 수가 많았다.

이처럼 환경경영의 도입에 직·간접적으로 영향을 미치는 요인의 종류나 그 영향의 강도는 기업의 특성이나 지역적 상황에 따라 조금씩 다르기는 하지만, 대체로 다음과 같은 내·외부 촉진 요인이 작용하는 것을 알 수 있다.

- 기업활동에서 비롯된 대규모의 환경재해
- 여론의 변화: 일반 대중의 환경에 대한 인식 변화
- 녹색소비자의 출현: 친환경 제품에 대한 욕구 증대
- 내부 압력: 종업원, 특히 젊은 층과 여성의 환경에 대한 관심 증대
- 경쟁력 제고: 기업의 환경성이 경쟁력에 큰 영향을 미치는 요인으로 작용하면서 경쟁기업보다 앞선 환경적 대응 전략 필요
- 신규 사업기회: 세계 환경관련 산업은 연평균 5~6% 이상의 성장이 예상되며, 2010년에는 그 규모가 8,635억 달러 수준에 달할 것으로 전망
- 국내외 환경 규제 강화: 각종 국제 환경협약의 제정은 물론 각국의 환경 관련 법규의 강화
- 사회적 가치의 변화: 소비자중심주의에서 자연 생태계의 보전을 중시하는 방향으로 사회적 가치가 변화하고 있으며 환경에 대한 가치평가 기준도 변화
- 언론의 관심 증대: 1980년대 말부터 환경에 대한 언론의 관심이 급증하여 환경 관련 기사의 보도 횟수가 크게 증가
- 압력단체: 환경단체를 비롯한 각종 시민단체들이 전문성과 일반대중의 지지를 바탕으로 기업활동의 환경측면에 대한 감시활동 강화

---

9) Wolff, R.(1995), 「The Nordic Business Environmental Barometer」, Oslo: Gothenburg Research Institute.

- 환경 사고의 해결 비용 급증: 기업활동으로 인한 환경사고가 발생할 경우 직·간접적 피해보상액이 크게 증가한 것은 물론 기업 이미지 실추 등으로 인한 잠재적 피해도 상당한 수준으로 발생
- 환경파괴에 대한 과학적 입증: 지구 온난화, 오존층 파괴, 산성비 등 지구 환경문제에 따른 피해의 심각성이 과학적으로 규명

한편 기업이 환경경영을 도입하고자 해도 그 실행 단계에서 여러 가지 현실적 난관에 부딪히는 경우가 많이 있다. 그 근본 이유로는 아직까지 환경경영 패러다임이 정착하기에 적합한 사회·경제적 여건이 충분히 조성되지 못한 점을 들 수 있으나, 좀 더 구체적으로 살펴보면 추가적인 비용 부담, 복잡성 및 상호연관성, 기업활동이 환경에 미치는 영향 등에 대한 정보의 불확실성, 전문성 결여, 참여도 부족, 조직 내의 장벽 등과 같은 여러 가지 제약 요인이 기업 안 밖에 산재해 있음을 알 수 있다.

새로운 환경경영 패러다임을 도입하려는 기업 입장에서 볼 때 이와 같은 여러 가지 제약 요인은 극복해야 할 과제임이 분명하지만, 현실적으로 그 과정은 매우 험난할 수밖에 없다.

특히 환경경영에 대한 최고경영자의 이해가 부족할 경우에는 이러한 제약 요인이 더욱 크게 작용하여 환경 담당 부서의 전통적 업무, 즉 환경법규 준수 차원에 그칠 가능성이 많아 기업경영의 외부 여건 변화에 효율적으로 대처하기 어렵게 된다.

오늘날 어떠한 산업도 환경문제로부터 자유로울 수 없음을 감안할 때, 이러한 환경적 위험을 도외시하는 기업 경영은 필연적으로 해당 기업의 미래에 부정적 영향을 미칠 것이 분명하다. 따라서 환경경영 도입의 여러 가지 제약 요인에도 불구하고 기업의 지속적 발전을 도모하기 위해서는 미래 지향적 환경경영 전략 수입과 구체적인 환경경영 프로그램의 실천이 필수적이라 할 수 있다.

3. 환경경영의 개념적 기초

기업활동으로 인한 대규모 환경재해와 지구 환경문제의 심각성에 대한 우려가 고조되기 시작한 1980년대 후반부터 비교적 환경 민감도가 높은 산업계를 중심으로 환경에 대한 기업의 책임을 강조하는 분위기가 확산되었다. 세계적 기업의 최고경영자들이 잇달아 환경의 중요성을 강조하며 목소리를 높이게 된 것은 그만큼 사태의 심각성을 반증하는 것이겠지만, 어쨌든 세계 산업계에 엄청난 파장을 불러왔다.

무엇보다도 이것은 환경문제가 기업경영의 전략적 과제로 다루어지고 환경경영이라는 새로운 기업경영 패러다임이 태동하는 기폭제가 되었다는 점에서 매우 큰 의미를 갖는다. 다양한 각도에서 이루어지고 있는 환경경영 논의에서 기본 전제가 되는 대표적인 개념 및 접근 방향 몇 가지를 살펴보면 다음과 같다.

1) 오염자 부담원칙

오염자 부담원칙(Polluter Pays Principle: PPP)이란 환경정책 원칙 중의 하나로써 '제품이나 서비스로부터 야기되는 모든 환경비용을 그 오염자(공급자)가 부담해야 한다.'는 것이다. 환경오염 예방원칙이 환경행정주체에 적용되는 원칙이라고 한다면 이 오염자 부담원칙은 사업자나 개인 등 환경을 오염, 훼손시킨 자에게 적용된다는 점에서 차이가 있다. 하지만 실제로는 제품이나 서비스의 공급자가 환경비용을 가격에 포함시킴으로써 그 의미가 다소 변질되었다는 주장도 있다.

그러나 시장경제 체제에서 구매에 대한 최종 의사결정은 소비자가 하므로, 환경비용을 가격에 포함시킨다고 해서 크게 문제될 것은 없다는 것이 일반적 견해이기도 하다.

이러한 오염자 부담원칙은 환경오염의 훼손자가 경제적인 손익을 따져서 환경오염의 훼손 여부를 결정하게 하는 기능을 수행한다는 점에서 환경오염 및 환경훼손, 파괴에 대한 예방의 효과를 가지며, 환경침해의 원상회복과 피해구제의 책임을 명확히 한다는 점에서 현상유지의 효과가 있으며 그 비용의 범위는 오염, 훼손된 환경의 원상회복 비용과 오염 및 훼손으로 인한 피해구제 비용을 포함하게 된다.[10]

따라서 이 원칙에 대한 논의의 초점은 누가 환경비용을 지불할 것인가가 아니라 오히려 비용과 수익의 대응원칙에 입각한 환경비용의'내부화'를 적절히 실현할 수 있는 방법에 모아져야 한다. 이 원칙은 1970년대 초 OECD 회원국들의 합의를 거쳐 처음으로 공표되었다.

OECD가 이 같은 원칙을 발표하고 나서 오염자 부담원칙에 입각한 환경비용의 내부화는 각국의 환경법규에 폭넓게 반영되었으나, 그 과정에서 일관성이나 정확성과 관련하여 많은 문제점이 노출되었다.

특히 환경비용의 정확한 규명이나 환경 영향에 대한 가치평가 문제는 여전히 논란의 대상이며, 책임 범위에 대해서도 명확한 기준이 없는 실정이다. 그러나 최근 환경회계에 대한 연구가 활발히 진행되면서 지속가능한 발전을 위해 환경 기준이나 비용이 투자 의사결정에 철저히 반영되어야 한다는 주장이 강력히 제기되고 있다.

한편 앞에서도 언급하였듯이 여러 가지 환경비용을 원가의 일부로 인식하여 이를 가격에 포함시킴으로써 최종적으로 소비자가 부담케 하는 데는 큰 이견이 없다고 볼 수 있다. 그 이유는 환경적으로 문제가 많은 제품의 가격이 높아질 경우 소비자는 보다 환경친화적이고 저렴한 제품을 구매하게 될 것이며, 생산자도 이러한 소비자의 욕구에 맞춰나가게 될 것이기 때문이다.

오염자 부담원칙은 결국 소비자의 선택을 전제로 하는 시장경쟁의 원리와 연계함으로써 그 효과를 기대할 수 있다. 또한 최근 각국의 환경법규도 이 원칙에 따라 환경비용을 내부화하여 가격을 차별화함으로

---

10) 김동욱 외(2005), 「환경정책론」, 그루.

써 경쟁력을 높이는 방향으로 제정되고 있어, 환경경영에서 지향하는 경제성과 환경성의 조화를 촉진하는 제도적 근거를 제공하고 있다.

2) 전사적 품질환경경영(TQEM)

전통적 기업경영의 기본 목표는 주주의 이익을 극대화하기 위한 이윤 추구에 있으며 환경경영에서도 환경적 지속가능성이라는 목표가 추가될 뿐 이윤 추구라는 목표에는 변함이 없다. 따라서 기업 경영자가 주주를 비롯한 투자자들의 기대 수익을 충족시키기 위해 최선을 다해야 함은 당연한 일이다.

특히 제2차 세계대전 이후 전 세계적으로 경제성장이 최우선 과제가 되면서 이를 지원하기 위한 투자재원의 도달이 가장 중요한 문제로 떠올랐다. 그 결과 기업활동의 근간인 자본을 제공한 투자자가 기업 입장에서는 가장 소중한 이해관계자일 수밖에 없었다. 그러나 기업의 주요 이해관계자는 시대 상황에 따라 달라졌으며, 아울러 기업경영의 패러다임도 새롭게 변화해왔다.

선진국의 경우 1960년대 중반 이후 어느 정도 경제성장을 이루게 되자 성장의 과실에 대한 분배의 형평성 문제가 강력하게 제기되었으며, 그 결과 종업원의 복지가 기업경영의 우선적 과제로 다루어지게 되었다.

그러나 1970년대 중반부터 지나친 생산 확대에 따른 공급 과잉 현상으로 국제 경쟁이 치열해지고 경기도 둔화됨에 따라 소비자의 구매 의사결정이 기업 이윤에 결정적인 영향을 미치게 되었으며 소비자를 만족시키기 위한 노력의 일환으로 품질경영(Quality Management)에 대한 중요성이 날로 높아졌다.

특히 1987년부터 품질경영에 관한 국제 표준규격인 ISO 9000 시리즈가 본격적으로 시행됨으로써 고객 만족 또는 고객 감동을 추구하는 소비자 중시형 경영활동이 급속히 확산되었다.

그러나 1980년대 후반부터는 확대 지향적 생산활동으로 인한 대량생산과 무절제한 소비 행태에 따른 대량소비가 대량폐기로 이어져, 환경 파괴를 우려하는 이해관계자의 목소리가 높아졌으며 그 해결책의 하나로 환경경영 패러다임이 태동하게 되었다.

초기에 품질경영은 제품의 품질관리 차원에서 이루어졌으나, 점차 기업활동 전반으로 확대되면서 전사적 품질경영(TQM: Total Quality Management)으로 발전했다. 이는 하드웨어라 할 수 있는 제품 품질과 소프트웨어에 해당하는 서비스 품질이 결합되어야만 기업의 경쟁력을 향상시킬 수 있다는 인식에 기인한 것이었다. 이러한 면에서 환경경영도 품질경영과 매우 유사한 발전과정을 보여준다.

초기의 환경경영은 주로 사후처리기술에 의존하여 생산현장에서 발생하는 오염물질의 배출을 줄이는 데 초점을 맞추었으나, 점차 기업활동의 전 과정을 대상으로 한 환경경영체제 구축과 청정기술 도입 등으로 그 범위가 확대되었다.

더 나아가 환경경영에서는 TQM이 지향하는 무결점의 품질 개념을 도입하여 기업활동이 환경에 미치는 부정적 요인을 근원적으로 제거하려고 하는 등 TQM과의 접목을 도모했다. 실제로 품질경영과 환경경영은 여러 가지 측면에서 상호 연계성을 찾아볼 수 있다.

일부에서는 이런 연계성을 바탕으로 두 가지 접근방법을 통합해 '전사적 품질환경경영(TQEM: Total Quality and Environmental Management)'이라는 개념을 사용한다. 품질경영을 환경경영에 접목하기 위한 구체적 노력은 특히 미국의 GEMI(Global Environmental Management Initiative)에 의해 활발히 진행되었다.

GEMI의 초대 회장인 조지 카펜터는 환경의 질과 기업의 총체적 품질은 상호 보완적으로 시너지 작용을 일으킬 수 있으며, TQEM을 통한 경영전략과의 연계, 지속적 개선, 고객 및 공급자와의 유대 강화 등 긍정적 효과를 얻을 수 있다고 주장하였다.

그러나 현실적으로 TQM을 환경경영에 접목하는 과정에서 다음과 같은 잘못된 인식들이 장벽으로 작용할 수 있다. 첫째, 품질과 환경은 무관하다는 생각, 둘째, 환경문제는 환경 전문가의 영역이므로 일반 종업원과는 무관하다는 입장, 셋째, 기업활동이 환경에 미치는 영향을 측정하다 보면 항상 나쁜 결과만 나오므로 가급적 피해가는 것이 상책이라는 생각, 넷째, 법적 기준만 충족시키면 그만이라거나, 다섯째, 환경법규의 강화는 필연적으로 기업 이윤을 떨어뜨린다는 소극적인 생각 등이 그것이다.

따라서 진정한 TQEM은 모든 조직 구성원이 이러한 부정적 시각에서 벗어나 품질과 환경의 중요성과 상관관계를 충분히 인식하고 제품 및 서비스의 품질이나 환경성을 지속적으로 향상시키기 위한 활동에 동참함으로써 실현될 수 있으며, 그 결과는 궁극적으로 기업의 환경적 우수성과 이윤 극대화로 나타날 것이다.

3) 생태 · 경제 효율성

생태 · 경제 효율성이란 기업이 환경 영향을 가급적 줄이면서 더 많은 가치를 창출하기 위해서 재무적 성과와 환경적 성과를 연계시키는 경영전략을 말한다.

이러한 개념은 생산방식이나 투자를 결정할 때 단순히 경제적 효율성만 고려할 것이 아니라 천연자원 사용 및 환경부하 감소와 같은 환경에 주는 부담도 같이 고려하자는 것이다. 이는 세계지속가능발전 기업협의회(WBCSD)가 1991년부터 주요 화두로 삼고 있는 개념으로 1992년 브라질 리우데자네이루에서 개최된 지구정상회의에서 공식 채택되었다.

세계지속가능발전 기업협의회가 정한 생태 · 경제 효율성의 7가지 핵심요소는 다음과 같다.

① 제품과 서비스의 원료 사용량을 줄인다.

② 제품과 서비스의 에너지 사용량을 줄인다.

③ 독성물질의 확산을 억제한다.

④ 원료의 재활용률을 높인다.

⑤ 재생 가능한 자원을 최대한 지속적으로 사용한다.

⑥ 제품의 내구성을 향상시킨다.

⑦ 서비스 지원을 강화한다.

세계지속가능발전 기업협의회의 정의에 따르면 생태・경제 효율성은 '지구의 자정능력을 넘지 않도록 전 과정에 걸쳐 생태계에 대한 영향과 자원 사용을 줄여 인류의 욕구를 충족시키고 삶의 질을 향상시키는 제품과 서비스를 경쟁가격을 통해 제공함으로써 달성할 수 있는 상태'이다. 간단히 말해서 자원은 보다 적게 사용하면서 생산은 더 많이 하자는 것이다.

따라서 생태・경제 효율성의 개념은 자원 사용을 반으로 줄이고 생산은 두 배로 늘린다는 '팩터 4'와 유사하며, '생산량 / 환경부하'로 표시된다. 또한 이때 분자에 들어가는 생산량에는 부가가치, 매출액 등을 사용할 수 있고 분모인 환경부하에는 원재료, 오염 부하, 독성물질 등을 사용할 수 있다.

기업이 생태・경제 효율성을 달성할 수 있는 방안으로는 다음과 같은 5가지가 있다.

▷ 공정의 최적화: 비용이 많이 드는 사후처리 방식에서 사전적으로 오염을 예방하는 방식으로의 전환

▷ 폐기물 재활용: 특정 산업의 부산물과 폐기물을 타 산업의 원료나 자원으로 사용함으로써 궁극적으로 폐기물 제로화를 지향

▷ 생태 혁신: 구형 제품을 생산과 사용 면에서 보다 자원 효율적인 제품으로 만들기 위해 새로운 지식을 활용하여 '더 참신한' 제품 제조

▷ 새로운 서비스: 새로운 서비스 제공을 통한 효율성 제고

▷ 네트워크와 가상 조직: 자연 자산의 효율적인 사용으로 배분된
   자원 증가

생태·경제 효율성은 많은 물질을 에너지와 폐기물로 변환하는 데
주력하기보다는 더 많은 서비스와 기능, 가치를 제공함으로써 기업이
양적으로보다는 질적으로 성장하는 데 도움을 줄 수 있는 경영전략으
로 환경경영의 기본적 토대가 되는 개념이다.

제 9 장

환경경영전략

제1절 환경경영전략의 개념과 유형

1. 환경경영전략의 이해

1) 환경경영 전략의 개념

환경경영 전략의 정의는 기본적으로 경영전략과 맥을 같이한다. 즉 기업의 경영전략이 기업의 목표인 비전과 가치를 달성하기 위한 수단이나 행동을 선택하는 의사결정이라면, 환경경영 전략은 기업이 환경부문에서 비전과 가치를 달성하기 위한 의사결정 과정으로 이해할 수 있다.

따라서 경영전략과 환경경영 전략은 전사적 차원에서 비전과 가치를 추구한다는 측면에서는 동일하나, 환경경영 전략은 주로 환경문제를 다룬다는 점에서 차이가 있을 뿐이다.

그러나 기업활동의 대부분이 환경문제와 관련이 있으므로 사실상 환경경영 전략과 경영전략을 구분하여 이행하기는 어렵다. 왜냐하면 제품의 생산 및 유통 등 기업의 기본적인 활동이 환경문제와 무관할 수는 없기 때문이다.

기업의 기본적인 활동은 아무리 그 목적이 기업의 이윤 추구에 있다 하더라도 결국 환경문제와 관련이 있는 것이다. 따라서 환경경영 전략이 기업의 경영전략과 별개로 이행되는 것은 바람직하지 않다. 성공적으로 환경경영 전략을 이행하기 위해서는 그 전략 수립 및 이행과정이 기본적으로 기업 경영전략과 통합적으로 이루어져야 한다.

경영전략은 기업의 이윤을 극대화하기 위해 수립된다. 그러나 경영전략의 이행 과정에서 행해지는 모든 활동이 환경에 영향을 미치게 되므로 환경경영 전략을 성공적으로 수행하기 위해서는 전략 수립과정에서부터 환경성과 경제성을 동시에 고려하는 접근방식이 요구된다.

요컨대 환경성과 경제성을 동시에 만족시키는 데 목표를 두어, 환경적 시각을 전통적인 경영전략에 폭넓게 반영하는 통합적 접근이 환경경영 전략의 핵심이라 할 수 있다.

2) 환경경영 전략의 필요성

환경문제가 사회적 이슈로 대두되면서 기업도 그에 대한 대응 전략 수립에 부심하지 않을 수 없게 되었다. 즉 과거에는 환경문제가 기업 활동에 큰 영향을 미치지 않았으나 현대에는 기업의 생존과 성장에 결정적인 영향을 미치며 이에 따라 기업들의 환경에 대한 인식도 급격히 바뀌고 있다.

환경은 무시하는 기업은 생존 자체가 위태로울 수 있으며, 법에서 요구하는 수준을 준수하는 데 그치지 않고 환경문제를 경쟁력의 원천으로 활용하는 기업도 늘고 있는 추세이다. 수동적 대응, 사후처리에 급급한 기능적 해결방안, 생산현장 중심의 환경 관리 등 전통적인 방식으로는 이러한 대외 여건의 변화에 기업이 적응하여 살아남고, 또

지속적으로 성장하기 불가능한 상황인 것이다.

전통적인 방식에 의존하여 환경문제에 대응하면 기업은 막대한 비용을 지불해야 한다. 기업은 환경에 대한 투자를 통해 비용을 보다 적게 들이면서도 효과적으로 경쟁력을 제고 할 수 있는 방안을 모색해야 한다. 환경문제에는 보다 전략적인 접근방법이 필요하며, 따라서 환경경영 전략을 수립하고 이를 이행해야 할 필요성은 더욱 커진다고 하겠다.

환경경영은 다양한 형태로 기업에 전략적 경쟁우위를 가져다 줄 수 있다. 예를 들어 생산비용 절감과 제품 차별화는 기업이 시장에서 경쟁력을 갖게 하는 중요한 방편 중 하나이다. 제품생산 공정에서 에너지를 보다 적게 사용하는 방법을 채택하면 생산비용 절감이 가능하여 환경문제를 예방할 뿐 아니라 경쟁력도 향상시킬 수 있다.

또한 환경문제가 적은 제품을 개발하거나 생산하여 시장에 판매한다면 환경친화적 소비자의 적극적인 구매를 유도할 수 있으며, 새로이 환경 규제가 시행된다 하더라도 그러한 상황에 적응할 수 있는 제품 생산능력을 미리 보유한 셈이 되어 시장 선점도 가능해진다.

결국 환경성과를 개선함과 동시에 경쟁우위 요소를 파악하고 이를 달성하기 위한 구체적인 실행방안을 수립하는 데 필요한 것이 환경경영 전략이라 할 수 있다.

2. 환경경영전략 모형[11]

환경경영 전략의 일반적인 유형에 대한 연구는 주로 두 가지 목적에서 이루어진다. 첫째는 이론적으로 제시되는 전략 특성의 유형과 특정 기업의 환경경영 실태를 비교해서 해당 기업의 전략적 수준을 가늠하기 위한 것이다.

---

11) 이병욱, 황금주, 김남규(2005), 앞의 저서, pp.258-266.

둘째는 바람직한 것으로 평가되는 전략 유형과 그 특성을 기업의 현재 수준과 비교함으로써 향후 기업이 지향해야 할 전략의 수립 및 실행에 도움을 주려는 것이다.

다음에 제시한 환경경영 전략 모형은 다소 이론적인 면에 치우쳐 있어 실제 적용에는 문제가 있을 수 있으나, 환경경영을 보다 적극적으로 실행하려는 기업에는 참고가 될 수 있다.

1) 헌트와 오스터의 5단계 전략 모형12)

일반적인 환경경영 전략 유형에 대한 대표적인 연구로는 1990년 헌트(C. B. Hunt)와 오스터(E. R. Auster)의 5단계 전략 모형이 있다. 헌트와 오스터는 기업의 환경경영 전략 모형을 환경보호 수준과 조직의 참여도에 따라 초보자형(beginner), 소방수형(fire fighter), 관심 있는 시민형(concerned citizen), 실용주의자형(pragmatist), 전향주의자형(proactivist)으로 나누어 제시한다.

'초보자형'은 환경경영의 필요성을 인식하지 못하고 불가피한 경우에만 최소한의 자원을 투자하여 환경문제를 해결하는 수준이다. 이 유형의 기업은 현재 직면한 환경문제에만 관심을 두며, 기존에 다른 업무를 담당하던 직원에게 환경문제 해결을 맡기는 등 환경에 대한 대처가 체계화되어 있지 않다.

'소방수형'역시 환경문제에 대한 인식은 거의 없으며, 환경문제 발생시 초보자형보다 좀 더 적극적으로 대응하는 수준이다. 소방수형의 경우 환경문제 해결을 위해 어느 정도 자금과 인력을 배분해 놓고 있으나, 최소한의 지원만을 함으로써 환경문제에 효율적이고 능동적으로 대처하지는 못한다.

'관심 있는 시민형'은 환경경영의 필요성을 어느 정도 인식하고 있으

---

12) Hunt, C. B. and Auster, E. R.(1990), "Proactive Environmental Management: Avoiding the Toxic Trap," *Sloan Management Review*, 31(2), pp.7－18.

며, 부분적으로 실천 프로그램이 마련되어 있는 경우이다. 그러나 대개는 최고경영자의 지원이 부족한 상태에서 실무진의 노력에 그치며, 환경문제를 다루는 조직이나 인원의 실질적인 권한이 부족하여 기업의 홍보 활동에 치중할 뿐 장기적인 프로그램을 마련하고 실행하지는 못하는 수준이다.

'실용주의자형'은 환경경영의 중요성을 충분히 인식하고 있으며, 장기적이고 근본적인 변화를 추구한다. 환경 개선을 위한 최고경영자의 지원도 적극적이어서 충분한 투자가 이루어진다. 이 유형은 이전의 단계보다 적극적인 형태이나 환경경영이 기업 경영에서 최우선 순위에 있지는 못하므로 환경 담당 조직의 역할은 제한적이라 볼 수 있다.

'전향주의자형'의 경우 환경경영을 기업의 최우선 과제로 인식할 뿐만 아니라 최고경영자의 적극적인 참여 속에 환경 투자에 자원을 우선적으로 배분한다. 이 유형은 환경경영 전략 차원에서 경제성과 환경성을 조화롭게 추구하는 단계라고 볼 수 있다.

헌트와 오스터의 전략모형은 각 유형의 특성을 제시하고 이를 연속적으로 비교할 수 있다는 장점은 있으나, 기업의 구체적인 실천방안을 제시하고 있지는 못하다. 또한 기업의 환경경영 수준은 여러 유형이 복합되어 있는 경우가 많아 실질적으로 그 유형을 분별하기가 쉽지 않으며, 법규 준수에 초점을 맞춰 유형을 구분하고 있어 다른 이해관계자나 환경경영 전략의 다양한 목적을 간과하고 있다는 문제점이 있다.

2) 스테거의 전략 모형[13]

스테거(U. Steger)는 환경경영을 통한 시장 확대의 가능성과 기업활동으로 인한 환경오염의 정도에 따라 무관심형(indifference), 방어형(defensive), 공격형(offensive), 혁신형(innovative) 등 네 가지 전략 모형을 제시한다.

---

13) Steger, U.(1993), *ibid.*

'무관심형'은 환경오염의 위험이 거의 없거나 기업의 환경 활동이 시장 확대나 비용 절감 등 경쟁력을 창출하는 요인으로 작용하지 않아 기업이 환경문제에 거의 관심이 없는 경우이다.

'방어형'은 환경오염의 가능성이 꽤 높고 외부로부터 상당한 환경개선 압력을 받고 있으며, 환경 사고가 기업의 생존과 직결되는 경우가 많지만, 환경 개선을 통한 시장 창출의 기회는 거의 없는 경우이다. 이러한 유형의 경우 일차적인 관심사는 법규 준수나 외부 압력에 방어적으로 대응하는 것이다.

'공격형'은 환경오염의 위험이 없고 새로운 시장 창출이 가능한 경우이다. 환경오염 예방 설비를 제조하는 산업이 이에 해당한다. 이들 산업의 경우 적극적인 마케팅을 통해 새로운 시장 창출이 가능하다.

'혁신형'은 환경오염의 위험이 상당히 높아 외부로부터 압력을 받고 있으나, 이를 오히려 기회로 인식하여 새로운 공정이나 제품을 개발하는 등 기업가치를 극대화하기 위해 노력하는 경우에 해당한다.

제2절 환경경영전략의 수립 및 실행

환경경영 전략을 수립하고 실행하는 과정은 다음 네 단계를 거친다. 각 단계는 환경경영 전략의 목표를 확인하고 기업의 대내외적 환경을 분석하며, 구체적인 경영전략을 수립한 후 이를 이행하는 과정으로 이루어진다. 이를 자세히 설명하면 다음과 같다.

1. 목표설정

기업이 환경경영 전략의 목표를 확인하는 단계로 적극적으로 환경경영 전략을 수립하고 실행하는 데 있어서 무엇보다 중요하다. 기업의 목표는 환경경영 전략을 실질적으로 이행할 수 있도록 하는 동기부여의 역할을 하기 때문에 사전에 분명히 해둘 필요가 있다.

환경에 대한 최고경영자의 철학이 확고하거나 전반적인 기업문화가 환경문제에 대해 적극적이라면 환경경영 전략을 수립하고 이행하는 과정이 더욱 수월해 질 것이다.

2. 전략적 분석

전략적 분석 단계는 환경경영 전략을 수립하기 위해 기업의 내부 환경뿐만 아니라 외부 환경에 대해 종합적으로 정보를 수집하고 그렇게 수집된 정보를 가지고 'SWOT'분석을 실시하는 단계이다. 이 SWOT 분석은 실제적인 환경경영 전략 수립을 가능케 하며, 구체적인 환경영향을 평가하고 기업이 좀 더 지속가능성에 근접할 수 있도록 도와준다.

3. 전략의 선택

전략 선택 단계는 기업의 내부 환경과 외부 환경을 분석한 자료를 바탕으로 환경경영 전략의 적용 영역과 적절한 대안을 모색하여 평가한 후 적합한 전략을 선택하는 단계이다. 여기에서의 적절한 대안은 전사적 차원, 사업부문별, 기능별로 도출해낼 수 있다. 전사적 차원의 대안에는 전략적 접근 유형의 선택을 비롯해 장기적인 사업 구성 재편

전략 등이 포함될 수 있다.

4. 전략의 이행

전략 이행 단계는 환경경영 전략을 구체적으로 이행하는 단계로, 물적 자원을 배분하고 조직구조를 개편하며, 인적 자원 및 시스템을 변화시키는 과정이다. 예를 들어 환경경영에 대한 전문지식이 필요한 경우에는 종업원에 대한 교육이나 관련 전문가를 채용하는 등의 방안이 마련되어야 하며, 생산 공정에서 환경 유해 물질이 다량 배출된다면 환경오염 예방설비를 도입하는 방안을 고려할 수 있다.

또한 마케팅이나 재무부서 등 기존 조직에 새로운 환경경영 기법을 적용하는 것도 가능하다. 이러한 과정을 거쳐 수립되고 실행된 환경경영 전략은 별도의 평가 과정을 거쳐 다시 그 목표나 이행방법을 수정하게 된다.

5. 환경경영전략의 성공조건

환경경영 전략의 성공적 수행이란 기업이 적극적으로 전략을 수립하고 이행함으로써 환경성과를 제고하고 그것이 기업 경쟁력으로까지 이어지는 것을 말한다. 경제성과 사회성이라는 두 가지 면에서 환경경영 전략이 성공적으로 실행되기 위한 조건은 다음과 같다.

첫째, 환경문제에 선도적인 역할을 하기 위해 노력하는 자세가 필요하다. 말하자면 성공적으로 환경경영을 실천하기 위해 다른 기업보다 먼저 선도적으로 행동에 나서는 것이다. 기존의 환경 규제에 발맞춰가는 수준을 넘어서는 성과를 기업이 달성하기 위해서는 적극적으로 전략을 실천하고 환경성과가 기업의 경쟁력과 직결된다는 인식 하에 최신의 환경경영 기법을 도입하고 실천할 필요가 있다.

둘째, 환경경영을 기존 경영 시스템에 통합시켜야 한다. 이는 환경요소를 기업의 전략 수립 단계에서부터 통합적으로 고려하는 것을 의미한다. 사실상 대부분의 기업은 전략을 수립하는 과정에서 환경 요소를 거의 고려하지 않고 있다. 따라서 추후에 별도로 환경전략을 수립할 때는 기존의 기업전략과 충돌하는 경우가 많아 환경경영 전략이 수립된다 해도 실행 과정에서 여러 가지 문제가 발생할 수 있다.

셋째, 환경경영 전략을 효과적으로 추진하기 위해서는 조직적인 접근이 필요하다. 한 조직에서 환경문제를 전담하는 직원을 배치했다 해도 조직의 책임자가 환경문제에 무관심하거나 책임을 지려고 하지 않을 경우 성과를 기대하기는 어렵다. 즉 조직의 책임자가 환경문제에 대해 인식을 같이하고 적극적으로 참여해야 성공적인 환경경영 전략의 이행이 가능해진다.

넷째, 장기적인 관점에서 환경경영 전략을 수립하고 이행해야 한다. 대부분의 기업은 장기적인 관점보다는 단기적인 이윤 추구만을 중시하는 경우가 많다. 또한 환경에 대한 투자를 한다 하더라도 당장에 효과를 볼 수 있는 사후처리기술에 편중된 경우가 많으며, 투자회수에 상당한 기간이 소요되는 청정생산 기술에 대한 투자는 기피하는 경향이 있다. 하지만 환경에 대한 투자는 단기간에 수익으로 연결되는 경우는 많지 않으나, 장기적으로는 기업의 경쟁력을 향상시키는 요인으로 작용한다.

다섯째, 정부·언론매체·지역주민·환경단체 등 기업 외부의 이해관계자들과의 커뮤니케이션에 신경 쓸 필요가 있다. 기업의 환경성과를 외부 이해관계자에게 알림으로써 기업의 이미지 제고가 가능하며, 이를 통해 이해관계자와 좋은 관계를 유지할 수도 있다.

제3절 환경경영전략의 구체적 실행 방안[14)

　전략이 수립된 다음에는 환경경영 전략을 실천에 옮기는 구체적인 실행방안이 필요하다. 이때 환경친화적 기업문화의 조성 및 교육을 통한 종업원의 인식 제고, 환경경영체제의 구축, 친환경 제품 생산 시스템의 구축, 청정생산 공정의 도입, 이해관계자와의 적극적인 커뮤니케이션, 기업의 친환경 이미지 구축 및 마케팅 활용 등 다양한 방안이 고려될 수 있다. 이러한 방안에 대해 자세히 설명하기에 앞서 우선 기업이 환경경영을 통해 경쟁력을 갖출 수 있는 구체적인 실천전략을 살펴보도록 한다.

　기업이 시장에서 경쟁력을 확보하기 위해서는 비용절감과 차별화 전략이 매우 중요하다. 비용절감은 에너지의 효율적인 사용 등 생산과 유통 과정에서 천연자원을 효율적으로 이용하여 달성할 수 있다. 이를 통해서 기업은 비용절감을 통해 제품가격을 낮춤으로써 시장에서 경쟁력을 높일 수 있게 되는 것이다.

　또한 차별화는 친환경 기술을 적용한 제품 개발 등을 통해 매출 증대를 추구하는 전략으로 보면 된다. 이러한 비용절감 및 제품 차별화 전략은 궁극적으로 환경 개선뿐만 아니라 기업의 가치를 제고하는 데 중요한 역할을 한다.

　이들 전략의 구체적인 실행방안을 살펴보면 다음과 같다.

1. 비용절감을 위한 환경경영전략 이행

　효율성을 추구하는 비용절감 전략은 기본적으로 생산을 그대로 유지

---

14) 이병욱, 황금주, 김남규(2005), 앞의 저서, pp.279-283.

하면서 투입 에너지나 원재료의 양을 줄이는 방안이다. 비용절감을 위한 환경경영 전략의 이행수단으로는 다양한 방법이 강구될 수 있다.

첫째, 제품생산에 투입되는 원료나 에너지를 효율적으로 관리하는 방안이다. 환경친화적 에너지를 사용하면 오염물질의 발생량을 줄일 수 있으며, 에너지 효율적인 공정이나 시스템을 도입하고 기존 공정을 개선하여 비용절감을 유도할 수 있다. 단, 환경친화적인 원료나 에너지의 가격이 기존의 원료나 에너지의 가격에 사용 후 오염물질의 발생으로 인한 처리 비용의 합보다 작은 경우에 기업들은 이를 통해 비용 절감을 이룰 수 있게 될 것이다.

둘째, 생산 공정에서 발생하는 폐기물이나 부산물을 재이용하는 방법이다. 기업이 배출하는 폐기물이나 폐열은 공정 내에서 재이용할 수 있으며, 이는 최종 폐기물의 양을 줄일 수 있을 뿐만 아니라 공급되는 원재료나 에너지 사용량도 줄일 수가 있어 비용절감 효과가 있다. 단, 생산 공정에서 발생하는 폐기물이나 부산물을 재이용할 수 있는 방법이 고안되어 있거나 이를 이용할 수 있는 처리시설의 설치비용이 저렴한 경우에 기업에서 원하는 비용절감을 이룰 수 있게 될 것이다.

셋째, 유통이나 협력업체를 관리하는 최근의 친환경 공급망 관리기법도 비용을 절감하고 환경성과를 개선할 수 있는 중요한 방안 중의 하나이다. 즉 기업에 납품하는 협력업체를 환경측면에서 관리하여 환경성과를 높이고 제품원가를 절감할 수 있으며, 유통수단의 연료 효율성을 감안하여 수송과 포장을 함으로써 유통 단계에서도 환경성과 제고와 비용절감이 가능하다.

2. 차별화를 위한 환경경영전략 이행

비용절감 전략이 투입 비용을 줄이는 데 목적을 둔다면 차별화 전략은 기업의 생산품에 변화를 주어 이익을 늘리는 데 그 목적이 있다.

특히 차별화 전략은 비용절감 전략의 구체적인 실행이 불가능하거나 전략 실행 시에 목표로 했던 비용절감이 생각만큼 이루어지지 않아 큰 효과를 거둘 수 없을 경우에 유효하게 기업이 사용할 수 있는 전략이 된다. 또한 차별화를 이용한 환경경영전략의 이행에 있어서는 제품을 구매하는 소비자들의 환경에 대한 인식의 수준이 높을수록 그 효과는 더욱 커지는 것이 일반적이다.

차별화 전략은 시장에서 제품의 환경문제를 직접적으로 다룬다. 시장에 나와 있는 기존 제품이 환경에 유해한 영향을 끼칠 경우, 환경문제를 유발하지 않거나 환경피해가 적은 제품을 개발하여 판매하면 환경친화적 소비자들의 적극적인 구매를 유도할 수 있고 기업의 환경친화적인 이미지 제고도 가능하다.

또한 새로운 환경 규제가 시작될 경우 새로 창출되는 시장을 선점하는 것도 가능하다. 시장에서 환경문제를 기회로 삼고자 할 때 차별화 전략이 필요하며 이를 성공적으로 수행하는 기업은 다른 경쟁기업들에 앞서 시장 흐름을 선도할 수 있다.

차별화 전략은 건실한 환경성과를 바탕으로 한다. 즉 기업의 제품 및 공정이 환경적으로 건전하거나 환경경영체제를 도입하는 등 기업이 내세울 만한 환경성과를 이루었을 때 차별화가 가능한 것이다. 그런 다음 기업은 환경보고서, 그린마케팅 등을 통해 이를 널리 알리고 홍보하는 과정을 거친다.

차별화 전략을 이행하려면 제품이나 공정의 환경성과를 관리하는 환경경영체제, 청정생산, 환경친화적 설계 및 공급망 관리 등의 환경경영 기법과 기업의 환경성과를 평가하는 전과정 평가, 환경감사 기법을 도입할 필요가 있다. 그리고 환경성과를 널리 알리는 환경보고서 발행, 그린 마케팅 등 커뮤니케이션 기법도 활용할 수 있다.

이를 종합해 보면 차별화 전략을 수행하기 위해서는 우선 기업의 환경성과를 제고하고 효과적인 마케팅 및 유통 수단을 활용하며, 기업의 환경성과를 이해관계자에게 잘 알리는 것이 중요하다고 하겠다.

제4부 지속가능경영과 기업의 사회적 책임

재무적인 성과를 중심으로 하는 일반 경영은 기업의 본질적인 부분이다. 하지만 기업은 그와 동시에 사회·문화적인 존재이기도 하다. 사회의 존속을 위해서 기업이 필요하듯이 기업 또한 사회와의 협력 체계 없이는 유지·발전할 수 없다.

세계화로 인한 여러 가지 부작용과 윤리체계의 붕괴, 그리고 그로 인한 지구환경 위기는 지속가능한 새로운 윤리체계를 세우지 않으면 안 된다는 사실을 강조하고 있다. 새로운 윤리체계 중에서도 '지속가능성'이라는 지향점을 기업 경영 문화에서도 새로이 정리해야 한다는 요구가 거세가 일고 있는 것이다.

지속가능한 경영이란 문화적으로 생명과 평화와 상호존중의 관점에서 시간과 공간과 인식의 차이를 해소하고 사회적으로 민주와 인권과 정의와 공공선을 실현하고 환경적으로 자연환경을 유지 보전하는 범위 내에서 발전을 도모하며, 경제적으로 최고의 이윤이 아니라 최적의 이윤을 추구하는 경영을 말한다.

따라서, 여기에서는 이러한 지속가능경영의 개념과 이를 추구하기 위한 과제와 앞으로 전개될 지속가능경영의 시대에 대해 살펴보고자 한다.

제10장

지속가능경영의 개념에 대한 이해

1. 지속가능경영의 개념

전통적으로 경영자들은 이윤을 극대화하기 위해 노력하고, 투자자들은 경영자들이 내놓은 경영성과에 기초하여 투자를 하는 것이 자본시장을 지배하는 법칙이었다. 그러나 최고의 경제적 성과를 보이던 기업들이 하루아침에 무너지는 현실 속에서 이와 같은 법칙이 무너지기 시작하였다. 이제 투자자들은 더 이상 이윤만을 많이 창출해내는 기업을 최고의 기업으로 생각하지 않게 된 것이다.

이처럼 무너진 신뢰를 회복하기 위해서 자본시장은 기업들에게 다양한 요구들을 하기 시작하였다. 우선 기업지배구조의 개선이다. 경영진의 전횡을 막기 위해 사외이사제도와 감사위원회 제도가 도입되었으며, 많은 기업들이 지주회사 체제로 전환되고 있는 실정이다. 그 다음으로는 재무 정보의 투명성 강화이다. 미국에서는 엔론과 월드컴 등 대기업들의 회계부정사건 이후 새로운 회계감독기구를 설립하여 기업 회계에 대한 감독을 강화하는 내용을 담은 샤베인－옥슬리(Sarbanes－Oxley)법안이 제정되었고, 국내에서도 CEO, CFO 공시 서류 인증제도가 실시됨으로써 많은 기업들이 내부통제 구조를 강화하고 리스크 관리에 힘을 쏟도록 하고 있다.

그리고 마지막으로 지속가능경영을 들 수 있다. 지배구조의 개선이나 재무정보의 투명성 강화가 주로 주주와 경영자 간의 대리인 문제 해결에 초점을 맞추고 있는 반면, 지속가능경영은 기업경영에 대한 근본적인 패러다임의 변화를 요구하고 있다는 점에서 구별되어진다. 지속가능경영은 기업이 경제적 성과에만 매달려서는 장기적으로 생존 발전할 수 없다는 반성으로부터 시작되었다. 즉 주주뿐만 아니라 다양한 이해관계자들의 이익을 반영하고 환경적 책임과 사회적 책임을 다하면서 동시에 경제적 이익을 추구하는 기업만이 장기적으로 성장 가능하다는 믿음에 바탕을 두고 있는 것이다.

앞의 두 가지 변화에 대해서는 상대적으로 제도화도 급속히 진행되었고, 이를 위해 앞 다투어 외부의 컨설팅을 받는 등 기업들이 새로운 경영환경으로 받아들이고 있는 것으로 보인다. 그러나 지속가능경영에 대해서는 여전히 추상적인 담론 수준에 머물러 있거나, 많은 기업들이 좋은 이야기이기는 하지만 기업의 현실에 비추어 보았을 때 아직 먼 이야기라는 인식이 팽배해 있는 상황이다. 이러한 인식은 선진국의 다국적 기업들에 비해 특히 우리나라 기업들에 있어서 많이 나타난다. 하지만 지속가능경영으로의 패러다임 변화는 더 이상 먼 이야기가 아닌 현재 기업이 생존을 위해서 반드시 수행해야만 하는 기업환경임을 인식하고 이를 실천하는 데에 노력을 다해야 할 것이다.

2. 지속가능경영에서 추구해야 할 가치

'지속가능'이란 말은 1987년 유엔 산하 브룬트란트 위원회에서 최초로 '미래세대의 요구와 능력을 손상시키지 않으면서 현재 세대의 요구를 충족시키는 것'으로 정의하고 있다. 여기서 범위를 조금 더 확장하여 사용하고 있는 '지속가능한 발전'의 개념은 '인간 활동과 자연세계 사이의 안정된 관계를 유지하며, 환경의 질을 보호하며, 경제를 지속적으로 성장시키는 것'으로 정의할 수 있다.

이에 황상규[1]는 지금까지 축적되어 온 개념을 바탕으로 '지속가능한 경영'을 다음과 같이 4가지 차원에서 정의하고 있다. 즉, 문화적으로 '생명과 평화와 상호존중의 관점에서 시간과 공간과 인식의 차이를 해소하고, '사회적으로' 민주와 인권과 정의와 공공선을 실현하고, '환경적으로' 자연환경을 유지 보전하는 범위 내에서 발전을 도모하며, '경제적으로' 최고의 이윤이 아니라 최적의 이윤을 추구하는 경영으로 정의하고 있다.

즉, 문화적 지속가능성은 장기적인 비전과 기업이 추구해야할 가치를 제시해주고, 사회적 지속가능성은 근로자, 고객과 소비자, 협력업체, 경쟁업체, 정부당국과 법률관계, 지역사회와 일반대중을 포함하는 사회적 관계에서 지켜야 할 규범을 규정하고 있다. 또한 환경적 지속가능성은 기업활동에 투입되는 자원과 에너지에 대한 평가와 생산활동의 결과 발생하는 각종 환경오염 문제를 다루고 있다. 마지막으로 경제적 지속가능성은 기업의 경제지표와 재무제표를 중심으로써 이윤을 추구하는 기업 본연의 역할에 해당하는 것으로 기업의 이윤추구 과정에서 발생할 수 있는 비윤리적인 경제활동을 점검하도록 해준다. 따라서 황상규가 언급한 이 4가지 차원의 가치들은 급변하는 기업의 대외환경 변화의 주된 이슈인 기업의 사회적 책임에 대한 종합적인 내용을 포함

---

1) 황상규(2005), 「지속가능한 경영과 투자」, 한솜미디어, pp.10-11.

하고 있으며 기업이 지속적으로 생존·발전하기 위해서는 이들 가치들을 지속적으로 추구해 나가야 함을 제시하고 있다 하겠다.

제2절 지속가능보고서

1. 지속가능보고서의 개념

기업의 사회적 책임은 지속가능성이라는 큰 틀 안에서 이해되어야 한다. 세계지속가능발전 기업협의회는 지속가능경영의 전략적 목표로 기업의 사회적 책임, 생태효율성, 생물다양성, 기술혁신, 위험관리, 개방경쟁시장의 여섯 가지를 들고 있는데, 지속가능성이 전 세계 기업의 공통 관심사로 떠오르게 됨에 따라 많은 기업들이 '기업 지속가능성 보고서(Corporate Sustainability Report)'를 발간하는 경향으로 나아가고 있다.

브룬트란트 보고서에서 정의한 지속가능한 발전의 개념은 미래 세대의 필요를 충족시킬 능력을 해치지 않는 범위에서 현 세대의 필요를 충족시키는 발전을 의미하고 있다. 기업의 지속가능성 보고서는 기업이 내부 및 외부의 이해관계자에게 경제, 환경, 사회 분야에 대한 기업의 노력과 성과를 설명하기 위한 보고서로 정의할 수 있다. 지속가능성 보고서와 같은 기업의 대외적인 보고는 하나의 기업이 그들의 가치, 목표, 원칙, 그리고 실천성과에 대해 외부와 공개적으로 소통할 수 있는 훌륭한 방법이다.

지속가능성은 미래세대의 필요를 충족시킬 수 있는 역량에 손상을 주지 않으면서 현재 세대의 필요를 충족시키는 것으로 기업의 이윤창출 능력뿐만 아니라 사회적 책임, 환경적 책임을 얼마나 다했느냐를 종합적으로 평가해 나타난다.

즉, 이윤을 아무리 많이 내더라도 환경적인 책임과 사회적인 책임에 소홀한 기업들은 지속가능성 평가에서 낮은 점수를 받게 된다. 실제로 나이키(Nike 社)의 경우 많은 이윤을 내면서도 해외 공장에서의 청소년 노동착취 등으로 지속가능성 지수에서는 낮은 평가를 받고 있다.

최근 들어 많은 기업들에서 기업평가 변화 추세에 맞춰 지속가능성 보고서를 발표하고 있다. 필립스는 2003년 3월 기존의 환경보고서 (Environmental Report)에 기업의 경제, 사회적 책무 이행 내용을 포함한 연례 지속가능성 보고서를 처음으로 발표하였다. 여기에는 그동안 필립스가 해온 지속가능성 노력과 함께 향후 여성임원 대폭 확대, 에너지 사용축소 등 향후에 추진할 내용이 포함되어 있다. 이밖에 노키아, 소니, 폴크스바겐, 브리티시텔레콤 등 포천지 선정 500대 기업 가운데 300여 개 기업들이 지속가능성 보고서를 내고 있는 것으로 알려졌다.

Novo Nordisk는 다국적 제약회사로서 1995년부터 환경보고서를 해마다 발간해 오고 있는데, 1999년에는 환경·사회보고서(Environmental and Social Report)로 범위가 확장되었으며, 2002년에는 지속가능성 보고서(Sustainability Report)란 제목으로 보고서를 발간하였다.

Novo Nordisk의 보고서는 상당히 우수한 수준으로 외부에서 평가되어 2002년과 2003년에는 덴마크 회계사 협회에서 수여하는'지속가능성 보고서 대상'에서 최우수 보고서로 선정되기도 하였다. Novo Nordisk의 지속가능성에 대한 전략 및 성과는 UBS, Innovest, Ethibel, Storebrand Invest, Sarasin, Henderson Global Investors 등 많은 금융기관 및 평가기관으로부터 높은 평가를 받고 있으며, 다우존스 지속가능성 지수와 FTSE4GOOD 사회책임성 지수에 포함되어 독보적인 업계에서의 지속가능성 리더로서 인정받고 있다.

2. 지속가능보고서 발간이유

선진기업들이 앞 다퉈 지속가능성 보고서를 발간하는 데는 여러 가지의 이유가 있을 것이다. 세계지속가능발전 기업협의회에서 주장한 몇 가지 이유를 중심으로 살펴보도록 하자.

첫째는 기업의 책임과 투명성에 대한 요구가 증대하고 있기 때문이다. 주주, 종업원 등 이해관계자들이 기업의 생산 경영활동, 그리고 제품 및 서비스에 관련된 지속가능발전 이슈에 대해 모든 단계, 영역에서 개방적으로 토론하는 것을 요구하고 있기 때문이다.

둘째는 지속가능발전을 통한 기업 경영체제의 선진화 요구 때문이다. 이는 기업이 지속가능성을 추구하게 되면 기업의 기존의 경영체제를 변화시킬 수 있다고 보기 때문이다.

기업의 이해관계자들은 기업의 사회적, 윤리적, 환경적 위험 인식과 이를 관리하는 시스템에 대해 점점 더 많은 정보를 요구하고 있으며 또한 이러한 위험들이 기업의 단기적, 장기적 가치에 어떠한 영향을 미치게 되는지 설명하도록 요구하는 수준까지 와 있다.

셋째는 금융시장의 요구를 들 수 있다. 오늘날의 금융시장은 기업의 환경적, 사회적 활동에 대한 정보를 끊임없이 요구하고 있다. 이는 기업의 훌륭한 환경적, 사회적 성과는 기업의 재무성과와 밀접하게 연결되어 있다는 증거가 늘어나고 있기 때문인 것으로 보인다.

미국 증시의 다우존스 세계지수와 다우존스 지속가능성지수를 비교해 보면 지속가능성지수에 포함된 기업의 성과가 다른 경쟁지수에 비해 더 훌륭한 성과를 보여주고 있는 것으로 분석된다. 이외에도 유럽이나 북미 시장에서 기업의 지속가능성을 평가하여 투자하는 지속가능성 중시 사회책임 펀드의 규모가 급속히 확대되고 있는 것도 커다란 하나의 이유가 된다. 2001년 Shell 社에서 추정한 바에 따르면 사회책임 펀드의 규모가 미국에서만 3조 달러 정도로 집계되고 있는 등 엄청난 규모의 자금이 기업의 지속가능성과 연계되어 있기 때문이다.

넷째로 규범적인 접근방식이 확산되고 있기 때문이다. 기업의 지속
가능성 보고서는 현재 자발적으로 이루어지고 있으나 유럽국가에서는
거의 피할 수 없는 필수요건처럼 인식되고 있다. 최근 들어 기업의 윤
리규범과 표준이 다수 등장하게 되어 지속가능성 보고서와 더불어 기
업의 투명성을 선도하는 견인차로서의 역할을 수행하고 있다. 국내기업
의 투명성 제고, 정부의 윤리강령 제정 움직임 등도 크게 보아 이와
같은 움직임이라 할 수 있을 것이다.

다섯째, 동종 집단으로부터의 압력이 확산되고 있기 때문이다. 기업
은 경쟁사나 Peer Group, 특히 동종업계 선두주자가 그들의 지속가능
발전 성과를 공개적으로 보고하고, 사회적으로 좋은 평가를 받을 경우,
이는 기업에 확실한 압력으로 작용하게 된다.

엄밀히 말하면, 세계적으로 아직까지 지속가능성 보고서에 관한 표
준은 없는 실정이다. 지속가능한 발전의 개념이 사회 각 분야의 관점
과 이해에 따라 다르고, 개별 산업분야나 국가들 사이에도 다양한 인
식차이가 존재하는 것이 현실인 것이다.

따라서 이러한 다양성을 포괄하는 표준적인 지속가능성 가이드라인
을 개발하는 일은 매우 어렵고 복잡한 과정을 수반할 수밖에 없다. 현
재 표준화를 선도하는 가장 큰 조직인 GRI는 다양한 이해관계자를 참
여시키려는 노력을 하고 있고, 조만간 보다 발전된 형태의 안을 도출
할 것으로 기대되고 있다.

참고문헌

강영철(1996), "기업의 사회적 책임 논의",『현상과 인식』, 제20권 제3호.

고재민(2005), "사회적 책임 활동도 성과 측정이 중요하다", LG경제 연구원 주간 경제 849호.

곽수일(1991), "기업의 사회적 책임",『경영계』, 1991년 6월호.

김동욱 외(2005),「환경정책론」, 그루.

김현수(2006), "기업의 사회적 책임(CSR) 논의동향", 삼성경제연구소.

김해룡, 김나민, 유광희, 이문규(2005), "기업의 사회적 책임에 대한 척도 개발",『마케팅연구』, 제20권 제2호, pp.67-87.

박헌준(2002), "기업의 사회적 성과와 재무적 성과와의 관계",『새로운 경쟁력, 기업의 사회적 성과』, 경실련 경제정의연구소.

신강균(2003), "기업의 사회적 책임활동의 효과에 관한 연구: 유한 킴벌리의 우리 강산 푸르게 푸르게 캠페인 20년 활동 사례를 중심으로",『광고학연구』, 제14권 제5호, 한국광고학회.

신유근(1992),「기업윤리와 경영교육」, 한국의 기업윤리, 세경사. p.27.

신유근(1995),「사회중시경영」, 경문사.

신유근, 한정화(1990),「한국기업의 사회참여활동」, 전국경제인연합회 경제사회연구원.

윤대혁(2005),「글로벌시대의 윤리경영」, 무역경영사.

이병욱, 황금주, 김남규(2005),「환경경영」, 에코리브르.

이상민, 최인철(2002), "재인식되는 기업의 사회적 책임", 삼성경제 연구소.

이우광(1997), "기업의 사회적 책임, 현황과 과제", 삼성경제연구소.

이종영(1999),「기업윤리」, 삼영사, pp.87-89.

정용수(2005), "기업의 사회적 책임(CSR) 라운드에 대비하라", LG경제연구원 주간경제 858호.
최인철(2005), "기업의 사회적 책임, 현황과 과제", 『경영계』, 2005년 6월호.
최정철(2002), "기업의 사회적 책임과 사회보고제도: 지속가능성 보고서를 중심으로", 기업의 사회보고제도 도입에 관한 토론회.
황상규(2005), 「지속가능한 경영과 투자」, 한솔미디어.

Ackerman, R. and Bauer, R.(1976), 「Corporate Social Responsiveness: The Modern Dilemma」, Reston: Reston Publishing Co.

Aupperle, K. E.(1984), "An empirical measure of corporate social orientation," Research in Corporate Social Performance and Policy, 6, pp.27－54.

Baumhart, R. C.(1968), 「An Honest Profit: What Business Say about Ethics in Business」, New York: Holt Rinehart and Winston.

Bowen, H. R.(1953), 『Social Responsibilities of the Business－man』, New York: Harper and Row.

Buono, A. F. and Nichols, L.(1985), 「Corporate Social Policy, Values and Social Responsibility」, New York: Praeger Publishers.

Carroll, B. A.(1979), "A Three－Dimensional Conceptual Model of Corporate Social Performance," *Academy of Management Review*, 4, pp.497－505.

Carroll, B. A.(1991), "The Pyramid of Corporate Social Responsibility: Toward the Moral Management of Organizational Stakeholders," *Business Horizons*, 34, pp.39－48.

Carroll, B. A.(1999), "Corporate Social Responsibility," *Business and Society*, 38(2), pp.268－295.

Christie, I., Rolfe, H. and Legard, R.(1995), 「Cleaner Production in Industry」, London: Policy Studies Institute.

Cowton, C. J.(1987), "Corporate Philanthropy in the United Kingdom," *Journal of Business Ethics*, 6, pp.553－558.

Davis, K.(1960), "Can Business Afford to Ignore Social Responsibilities?," *California Management Review*, 2, pp.70－76.

Drucker, P. F.(1984), "The New Meaning of Corporate Social Responsibility," *California Management Review*, 26, pp.53－63.

Edmondson, V. C. and Carroll, B. A.(1999), "Giving Back: An Examination of the

Philanthropic Motivations, Orientations and Activities of Large Black—Owned Businesses," *Journal of Business Ethics,* 19(2), pp.171−179.

Ells, R. and Walton, C.(1961), 『Conceptual Foundations of Business』, Home−wood, Richard D. Irwin.

Frederick, W.(1994), "From CSR 1 to CSR 2: the Maturing of Business and Society Thought," *Business & Society*, 33(2), pp.150−166.

Friedman, M.(1970), "The Social Responsibility of Business is to Increase Its Profits," New York Times Magazine, 32, Sept. 13, pp.122−126.

Gray, R., Bebbington, J. and Walters, D.(1993), 『According for the Environment』, London: Paul Chapman.

Henderson, V. E.(1982), "The Ethical Side of Enterprise," *Sloan Management Review*, p.38.

Himmelstein, J. L.(1997), "Looking Good and Doing Good: Corporate Philanthropy and Corporate Power," Bloomington: Indiana University Press.

Hunt, C. B. and Auster, E. R.(1990), "Proactive Environmental Management: Avoiding the Toxic Trap," *Sloan Management Review*, 31(2), pp.7−18.

Johnson, H. L.(1971), "Business in Contemporary Society: Framework and Issues," Belmont: Wadsworth.

McAdam, T. W.(1973), "How to Put Corporate Responsibility into Practice," *Business and Society Review*, Innovation, pp.8−16.

Matten, D. and Crane(2005), "Corporate Citizenship: Toward an Extended Theoretical Conceptualization," *Academy of Management Review,* 30(1), pp.166−179.

McGuire, J. W.(1993), 『Business and Society』, New York, Mcgraw−Hill.

North, K.(1992), 『Environmental Business Management』, Geneva: International Labor Organization.

Pinkston, T. S. and Carroll, B. A.(1996), "A Retrospective Examination of CSR Orientations: Have They Changed?" *Journal of Business Ethics*, 15(2), pp.199−206.

Reidenbach, R. E. and Robin, D. P.(1991), "A Conceptional Model of Corporate Model Development," *Journal of Business Ethics,* April.

Schwartz, J.(1996), "Corporate Philanthropy Today: From A. P. Smith to Adam Smith," NCPCR Working Paper.

Schwiebert, E. G.(1950), 「Luther and his Times」, St. Louis: Concordia Publishing House.

Sethi, S. P.(1975), "Dimensions of Corporate Social Responsibility," *California Management Review,* 17(3).

Sethi, S. P.(1979), "A Conceptual Framework for Environmental Analysis: Social Issue and Evaluation of Business Response Patterns," *Academy of Management Review*, 4(1), pp.63−73.

Steger, U.(1993), "The Greening of the Board Room: How German Companies Are Dealing with Environmental Issues," *Environmental Strategies for Industry*, pp.147−166.

Waddock, S. A. and Graves, S. B.(1997), "The Corporate Social Performance−Financial Performance Link," *Strategic Management Journal*, 18, pp.303−319.

Wolters, T., Bouman, M. and Peeters, M.(1995), "Environmental Management and Employment: Pollution Prevention Requires Significant Employee Participation," *Greener Management International,* 11, pp.63−72.

Wilson, I.(1975), "What One Company Is Doing about Today's Demands on Business," *Changing Business −Society Interrelationships*, Graduate School of Management, UCLA.

Wolff, R.(1995), 「The Nordic Business Environmental Barometer」, Oslo: Gothenburg Research Institute.

Wood, D.(1991), "Corporate Social Performance Revisited," *Academy of Management Review*, 16(4), pp.691−718.

저 자 약 력

박상안

중앙대학교 경영학 박사

- 주요논저 -

『글로벌 금융시대의 투자자 정보 불균형 해소에 따른 기업성과에 관한 연구』

『유로전환사채 발행이 기업가치에 미치는 영향』

『다국적기업 해외상장의 장기적인 성과에 관한 연구』

『다국적기업 국제채권 발행의 장기적인 성과에 관한 연구』

『다국적기업의 환위험과 ADR, 원주 주가간의 관계』

김 헌

백석대학교 경상학부 교수

연세대학교 경영학 박사

기술혁신, 기술경영

- 주요논저 -

『기술이전거래 촉진을 위한 기술가치평가모형 및 웹기반 기술가치평가시스템 개발』

『기술수명주기를 이용한 기술가치평가에 관한 연구』

『통신사업자의 다각화전략과 사업구조조정-AT&T의 사례를 중심으로』

『통신산업과 인터넷산업의 융합에 대응하는 주요 통신사업자들의 전략적 패턴』

『Understanding Business: 글로벌시대의 경영학, 새로운 경쟁력, 기업의 사회적 성과, 품질경영』

임효창

서울여자대학교 경영학과 교수
서강대학교 경영학과 졸업(경영학사)
서강대학교 대학원 경영학 석사, 경영학 박사
백석대학교 경상학부 교수
경실련 경제정의연구소 기업평가위원
휴먼노사전략경영연구소 소장
한국인사조직학회, 한국인사관리학회, 대한경영학회, 한국인적자원개발학회, 산학경영학회 등의 학회 임원 및 회원

- 주요논저 -

『Validating e-learning factors affecting training effectiveness』(International Journal of Information Management, 2007)

『Effects of hotel employees' perception of wage justice : The Case of South Korea』(Asia Pacific Journal of Tourism Research, 2005)

『기혼직장인의 직장-가정 갈등의 원인과 결과에 관한 연구』(경영학연구, 2005)

『기업내 e-learning의 반응, 학습성과 및 전이성과간 관계』(인사관리연구, 2004)

『글로벌 시대의 경영학』(한올출판사, 2003)

『서비스기업의 경영관리』(백산출판사, 2001)

홍 길 표

천안대학교 사회과학대학 경상학부 교수
서울대학교 경영학 박사

- 주요논저 -

『민영화 정책이 산업구조와 성과에 미치는 영향』
『경제활동의 지배구조와 네트워크 조직』
『디지털 경제시대의 창의성 경영』
『경영혁신의 재생산구조화 메커니즘에 관한 탐색적 연구 : 지식경영의 관점에서』
『신조직환경론』
『한국 노사관계의 발전방향과 과제』
『기업과 사회』

기업의 사회적 책임 중시 경영

• 초판 인쇄   2007년 8월 30일
• 초판 발행   2007년 8월 30일

• 지 은 이   박상안·김헌·임효창·홍길표
• 펴 낸 이   채종준
• 펴 낸 곳   한국학술정보㈜
            경기도 파주시 교하읍 문발리 526-2
            파주출판문화정보산업단지
            전화 031) 908-3181(대표)·팩스 031) 908-3189
            홈페이지 http://www.kstudy.com
            e-mail(출판사업팀사업부) publish@kstudy.com
• 등   록   제이사 115호(2000. 6. 19)
• 가   격   26,000원

ISBN   978-89-534-6949-5 93320 (Paper Book)
        978-89-534-6950-1 98320 (e-Book)